»Hört mich, einen Menschen, nicht unähnlich euch selbst, empfindend, was ihr empfindet, erleidend, was ihr erleidet, vielleicht nicht einmal heftiger als ihr, aber fähig auszusprechen, was ihr gerne aussprechen würdet, aber nicht auszusprechen wagt.«

Thema der für diesen Band ausgewählten Prosatexte und Gedichte von Marie Luise Kaschnitz ist der Tod des Lebenspartners, sind Trauer, Verlustschmerz und das Jahre dauernde, allmähliche Zurücktasten ins Leben. Unsentimental und mit großer Sprachkraft hat die Dichterin ihre eigenen Erfahrungen aufgezeichnet, die denen vieler Menschen mit einem ähnlichen Schicksal entsprechen. Manche ihrer Texte erscheinen, in diesem Zusammenhang betrachtet, in neuem Licht.

Die Literaturwissenschaftlerin Marlene Lohner, die sich seit langem mit dem Werk von Marie Luise Kaschnitz beschäftigt, führt die Textsammlung mit einem großen biographischen Essay ein; es ist die erste und bisher einzige ausführlichere Darstellung des Lebens von Marie Luise Kaschnitz.

Die Autorin Marie Luise Kaschnitz, 1901 in Karlsruhe geboren, wuchs als Tochter eines Offiziers in Potsdam und Berlin auf. Nach dem Besuch des Lyzeums wurde sie Buchhändlerin in Weimar, München und Rom. 1925 Heirat mit dem Archäologen Guido Kaschnitz von Weinberg. Sie lebte in Königsberg, Marburg, Frankfurt, Rom. Seit 1958, nach dem Tode ihres Mannes, wieder in Frankfurt am Main. Sie schrieb Gedichte, Romane, Erzählungen, Kurzprosa und zahlreiche Hörspiele. 1955 wurde sie mit dem Georg-Büchner-Preis ausgezeichnet. 1960 hielt sie an der Frankfurter Universität Vorlesungen zur Poetik. Marie Luise Kaschnitz starb 1974 in Rom. Im Fischer Taschenbuch Verlag liegen folgende Bände vor: ›Wohin denn ich‹ (Bd. 5814); ›Eines Mittags, Mitte Juni‹ (Bd. 5815); ›Überallnie‹ (Bd. 5820); ›Das Haus der Kindheit‹ (Bd. 5939).

Die Herausgeberin Marlene Lohner studierte Germanistik in Erlangen und unterrichtete deutsche Sprache und Literatur an der New York University. 1962 übersiedelte sie mit ihrem Mann, dem Literaturwissenschaftler Edgar Lohner, und den beiden Söhnen nach Stanford/Kalifornien. Zahlreiche Übersetzungen literaturtheoretischer Arbeiten aus dem Englischen. 1973 Rückkehr der Familie in die Bundesrepublik. 1975 starb Edgar Lohner. Seit 1977 ist Marlene Lohner Dozentin für Literatur an der Volkshochschule Wiesbaden. Im Fischer Taschenbuch Verlag veröffentlichte sie: ›Plötzlich allein. Frauen nach dem Tod des Partners‹ (Bd. 3290).

Was willst du, du lebst

Trauer und Selbstfindung in Texten von Marie Luise Kaschnitz

Ausgewählt und eingeleitet von
Marlene Lohner

Fischer Taschenbuch Verlag

Die Frau in der Gesellschaft
Lektorat: Ingeborg Mues

Originalausgabe
Veröffentlicht im Fischer Taschenbuch Verlag GmbH,
Frankfurt am Main, November 1991

siehe Textnachweis Seite 187
Redaktionelle Betreuung: Corinna Fiedler
Umschlaggestaltung: Barbara Brümmer
Umschlagabbildung: Philipp Veit, ›Blick auf den Taunus‹, 1840
Gesamtherstellung: Clausen & Bosse, Leck
Printed in Germany
ISBN 3-596-10728-8

Inhalt

Vorbemerkung

1982 erschien mein Buch ›Plötzlich allein. Frauen nach dem Tod des Partners‹, eine Sammlung von Interviews, worin Frauen meist mittleren Alters und unterschiedlicher Herkunft von den seelischen und sozialen Problemen berichten, die sich aus dem Abreißen einer starken Partnerbindung ergeben.[1] Das Buch findet offenbar große Resonanz. Unter den vielen Leser-Reaktionen wurde häufig der Wunsch nach einer »Fortsetzung« laut; man wollte wissen, wie es mit dem Leben dieser Frauen weiterging. Ich entschied mich aus mehreren Gründen gegen ein solches Buch. Statt dessen lege ich hier in einer Auswahl Texte von Marie Luise Kaschnitz vor, die in der Zeit nach dem Ausbruch der tödlichen Krankheit ihres Mannes im Herbst 1956 bis zu ihrem eigenen Tod 1974 entstanden: *Ich versuchte weiterzuleben, indem ich dem, was mir widerfahren war, Gestalt gab.*[2]

Ich kenne in der deutschsprachigen Literatur, zumindest des 20. Jahrhunderts, nichts Vergleichbares, was den Schmerz über den Verlust eines geliebten Menschen, den Prozeß des Trauerns und langsamen Sichzurücktastens ins Leben so nüchtern wie ergreifend, so wahrhaftig wie allgemein gültig ins Wort gefaßt hat. Diese Gedichte und Aufzeichnungen sind für den, der selber einen ähnlichen Verlust erlitten, eine schwerwiegende Trennung durchgemacht hat, eine unschätzbare Hilfe, aber auch für diejenigen, die ihrerseits helfen möchten. Da die Texte über das gesamte Spätwerk verstreut sind, habe ich sie hier zusammengestellt und entsprechend dem seelischen Verlauf von Trauer und Regeneration angeordnet. So werden sie auch dem mit Marie Luise Kaschnitz' Werk weniger vertrauten Leser zugänglich gemacht. Eine Rechtfertigung dieses nach rein literarischen Kriterien anfechtbaren Verfahrens scheint mir in Äußerungen der Autorin selber gegeben. *Aus der Teilnahme an der Welt und an den Menschen sind eigentlich all meine Arbeiten entstanden.*

Oder: sie habe *den Wunsch, die anderen Menschen auch teilnehmen zu lassen.*[3]

Über den Drang des Schriftstellers, sich mitzuteilen, sagt sie: *Hört mich, einen Menschen, nicht unähnlich euch selbst, empfindend, was ihr empfindet, erleidend, was ihr erleidet, vielleicht nicht einmal heftiger als ihr, aber fähig auszusprechen, was ihr gerne aussprechen würdet, aber nicht auszusprechen wagt.*[4]

Während meines langjährigen Umgangs mit Betroffenen, bei der Beobachtung des Verlaufs von Trauer innerhalb der Zeit, haben sich einige Konstanten ergeben. Die weitere Umgebung eines Toten akzeptiert die Tatsache des endgültigen Verlustes im allgemeinen erstaunlich schnell, doch der unmittelbar Betroffene fällt in eine bodenlose Leere des Verlassenseins, eine brennende Sehnsucht nach dem Verlorenen. Diese findet in Suchträumen oder Wunschvorstellungen von dessen Rückkehr ihren bewußten und unbewußten Ausdruck. Wie lange diese Phase des Nichtfassenkönnens dauert, bis das Nie-mehr-wieder schließlich akzeptiert wird, hängt sowohl vom Wesen der Betroffenen wie von der voraufgegangenen Bindung ab.

Über diese (an keine soziale Schicht gebundene) Art der Trauer und ihre Folgeerscheinungen im weiteren Lebensverlauf ist bisher nur wenig bekannt, was sich meiner Einschätzung nach auf folgende Hauptursachen zurückführen läßt: Trauer stört das Getriebe einer schnellebigen Gesellschaft, welche deren Wahrnehmung verdrängt und sich lieber mit bequemen Klischees beruhigt. Wer oft genug Sätze gehört hat wie »Du wirst schon wieder einen finden«, »Nimm es doch nicht so schwer«, »Die Zeit heilt alle Wunden«, versteht die Botschaft: Leide bitte lautlos und ohne Scherereien!

Die Folge ist der Rückzug ins Schneckenhaus. Frauen in dieser Situation haben es aus verschiedenen Gründen sowohl individual- wie sozialpsychologischer Natur in der Regel noch schwerer als Männer. Dies geht schon aus der Statistik hervor: In der Bundesrepublik gibt es rund 5,4 Millionen verwitwete Menschen; davon sind 4,6 Millionen Frauen, 800 000 Männer.[5] Ein Mann kann, erst recht nach einer glücklichen Beziehung, das Alleinsein im allgemeinen noch weniger ertragen als eine Frau. Aber anders als der Frau wird es dem Witwer an Gelegenheit zu neuer Bindung kaum fehlen. Ohne moralische Vorurteile gesellschaftlicher Natur wird der weibliche Bekannten- und Freundeskreis ihm beistehen. Daraus entwickelt sich dann häufig eine neue Beziehung, wobei die Anpassungsarbeit traditionsgemäß auch weitgehend von der neuen Frau erwartet und geleistet wird.

Anders erscheinen mir die inneren und äußeren Gegebenheiten nach Partnerverlust bei Frauen, und am schwerwiegendsten wohl bei solchen im mittleren Alter. Jüngere werden eher eine Wiederheirat wünschen und Gelegenheit dazu haben. Beim alten Menschen wird der Trennungsschmerz doch immerhin durch Dankbarkeit für die lange Lebensgemeinschaft sowie durch Einsicht in die natürliche Todesnähe im Alter gemildert werden. Der frühe Verlust einer engen, seelisch wie körperlich befriedigenden Partnerschaft führt zu besonderen Schwierigkeiten bei der Trauerverarbeitung, vor allem nach einem plötzlichen Tod. Die Unfaßlichkeit der Tatsache, daß der geliebte Mensch einfach nicht mehr da ist, wo doch die Zukunft durch ihn emotional »gesichert« gewesen war, gleicht einem Sturz ins Leere. Oft folgt eine Art Versteinerung des Gefühls, die jahrelang anhalten kann: »eine Zeit, in der ich stumpf, blind und taub, auch nahezu sprachlos existierte und lediglich den (seltenen) Ausbrüchen wilden Schmerzes entnahm, daß ich noch lebte«.[6] Marie Luise Kaschnitz findet für diesen Zustand nach dem Verlust des Partners folgendes Bild: *Ich bestand aus lauter krüppelhaften, unfertigen Stümpfen: Hände ohne Finger, Füße ohne Zehen, Gesicht ohne Augen und Nase, alles eingezogen, wie etwas, wofür man keine Verwendung mehr hat.*[7]

Der Gedanke an Zukunft ist zunächst unvorstellbar geworden. Vernichtet sind alle Pläne für mehr gemeinsam erlebte Zeit, zerstört ist der ganz gewöhnliche, unsensationelle

Alltag. *Der schmale Korridor in der Wiesenau und deine Heimkehr, die ganz gewöhnliche, am Abend, nicht etwa nach Luftangriffen, überstandenen, oder nach Reisen in tiefflieger-beschossenen Zügen, vielmehr am Alltag, Heimkehr aus dem Seminar oder der Bibliothek, aber das genügte, der Schlüssel, der sich in der Wohnungstür drehte, und schon schlug mein Herz schneller, höher wie man so sagt. Küsse und Fragen, wie war es – wie war es, das Stückchen Leben allein oder mit andern, und alles war wichtig, aber das Wichtigste ist doch die Umarmung, die erste, zu der ich dir auf dem Korridor entgegenlief, zu der du deine Büchermappe auf den Boden warfst, alle Tage, ja, verrückt, alle Tage. Als hätte uns auch in Friedenszeiten eine schreckliche Gefahr gedroht, Gefahr des Sichverlierens. So kommt es, daß ich auch das Geräusch des sich drehenden Schlüssels noch immer, immer wieder höre und aufspringe und den Korridor hinunterlaufe, meinem vieljährigen Alleinsein zum Trotz.*[8]

Reisen – ohne ihn? Schwer zu ertragen. Ebenso die Postkarten aus den Ferienzielen der Freunde oder die mit dem Vordruck »Fröhliche Weihnachten«, so als sei nichts gewesen! Der stechende Schmerz, die Bitterkeit beim unaufhörlich kreisenden Gedanken: Was hätte sein können, wenn… Diese lang, eigentlich für immer anhaltende Verminderung des Erlebnisvermögens, der Kommunikationsfähigkeit. Der Neid auf die älteren Paare, die gemeinsam ihren Spaziergang machen und das auch noch für selbstverständlich halten. Erinnerungen – wirklich tröstlich? Eher doch schmerzhaft ohne das Ausschwingen des Pendels im »Weißt du noch?«. Krampfhaftes Vermeiden aller Orte, die einmal Glück bedeuteten, Ferienglück, Zusammensein scheinbar außerhalb der Zeit. *Die Fischerhöhle, zwei Kilometer von Amalfi – an die 500 Stufen lief man von der Fahrstraße zwischen Wolfsmilchstauden, Ölbäumen und grauem Gestein dort hinab… Hinter einer vom Wasser hinaufgeschobenen Kieselwelle beginnt die Vegetation, eine üppig grüngoldene Wildnis, in der die Grillen zirpen. Immer legen wir, schon ausgezogen, die Köpfe in den Nacken und starren dorthin, auch höher hinauf, auf die kleine Mauer, die Straßenbrüstung und in den stahlblauen Himmel darüber. Danach beginnen wir unsere absurden Ferienspiele, die darin bestehen, Türme aus Kieseln aufzurichten und diese Türme, die oft recht kunstvollen, mit anderen kräftig geschleuderten Steinen wieder zum Einsturz zu bringen. Die Kiesel, die übrigens die schönsten Farben haben, in die Hand nehmen, ihre Rundungen betasten, dabei die heiße Sonne auf dem Rücken spüren, die Wellen heranziehen, sich aufbäumen, brechen und zurückfluten sehen, bei dem allen allein sein, das einzige Menschenpaar, bauen, zerstören, endlich die Segeltuchschuhe abstreifen und auf schmerzenden Sohlen ins Meer. Und so alle Stunden, bauen, zerstören, das Gesicht in die duftende, stachelige Macchia pressen und über die Kiesel ins Meer. Alle Tage, immer, bis am Horizont der Dampfer auftaucht und weit draußen vorüberfährt, das ist das Zeichen, Mittag vorüber, da errichten wir die letzten Türme, einen großen, einen kleinen, und lassen sie stehen.*[9]

Verlassen sind auch die Kinder. Sie sind verunsichert, fühlen sich bewußt oder unbewußt zurückgesetzt von der traurigen Mutter, retten sich häufig in Traumwelten oder Verdrängungen, deren negative Folgen erst Jahre später sichtbar werden. Die Mutter verdoppelt ihren Einsatz mit dem Selbst-Kommando: Du mußt das schaffen! und stellt fest, daß sie für die erwachsen gewordenen Kinder eine Belastung zu werden droht, und sei es nur eine eingebildete oder eine, die durch das vom Verlust geschärfte Verantwortungsbewußtsein der Kinder hervorgerufen wird.

Warum auch die eigenständigsten Frauen im Rückblick über einen großen Selbstwertverlust berichten,[10] beleuchtet der Kaschnitz-Satz über das Vorher: *Ich war auf keinem Gebiet vollkommen, nicht einmal eine gute Hausfrau, aber ich wurde geliebt und alle Tage bestätigt, seine Zustimmung machte mich besser, als ich meinen Anlagen nach war.*[11] Solche Bestätigung von nun an immer nur aus sich selber holen zu müssen, ist eine große Anstrengung, ein hartes Stück Arbeit. Viele werden darüber bitter oder sonderlich. »Der Umgang mit mir«, schreibt eine Leserin von ›Plötzlich allein‹, »ist für die anderen schwer geworden. Sie sagen, ich wäre verbittert, dabei kann ich nur nicht Theater spielen, kann nicht so tun, als wäre alles nicht so schlimm, als würde ich es schon schaffen. Ich kann mich nicht so verstellen, nur um den anderen ein gutes Gefühl zu liefern. Nicht, daß ich ständig dasitze und jammere, nein, bestimmt nicht. Ich bin einfach insgesamt anders geworden. Fremd? Ich weiß auch nicht, ob ich es schaffe, irgendwie weiterzuleben, und deshalb kann ich auch nicht so tun als ob. Den ›Freunden‹ bin ich wohl fremd geworden, nur wenige sind mir geblieben.«

Schwer für die Betroffenen, aber auch schwer für ihre Umgebung ist der Umgang mit der Erinnerung an den Toten. Da ist die Angst der Freunde, daß die Trauernde oder auch sie selber die Fassung verlieren. »Als wenn es der Tod nicht wert wäre, mal die Fassung zu verlieren! ... Ist einer nicht erst dann tot, wenn er totgeschwiegen wird?«[12] Witwen sind *selten ganz normal*, schreibt Marie Luise Kaschnitz, *vielmehr sonderbar, sprechen ununterbrochen von ihrem Verewigten, oder überhaupt nicht, sehen sich aber auch dann mit Gieraugen um, sagt doch etwas, sprecht über ihn, er kann doch für euch nicht ganz tot sein, wie oft hat er hier gesessen oder gestanden, die Hände in den Taschen, an eure Bücherwand gelehnt. Warum tut ihr so, als ob es ihn nie gegeben hätte, warum erkundigt ihr euch nicht, wie ich alleine zurecht komme, ich komme niemals zurecht.*[13]

Gibt es denn bei so viel erwiesener Liebesfähigkeit nach Jahren der Trauer nicht doch die Möglichkeit einer neuen Bindung? Die eindringlichen Mahnungen des Freundeskreises klingen im Ohr: Du siehst doch noch gut aus. Du solltest es noch einmal versuchen. Wunschbilder tauchen auf, nach dem geduldigen Aufbau von Vertrauen und Zärtlichkeit. Wieder einmal mit einem Mann reden, ausgehen und vor allem reisen können. Tatsache ist aber, daß es bei einem hohen Prozentsatz von Frauen der mittleren Altersgruppe nicht zu einer neuen Partnerschaft kommt. Ganze Fernseh-Serien leben von der seit Jahrhunderten eingefleischten Klischeevorstellung der »lustigen Witwe«. Dadurch wird ein großes menschliches Problem der Lächerlichkeit und leicht-fertiger Verdrängung ausgesetzt, denn die Wirklichkeit sieht anders aus. Wenn drei Viertel aller Witwen etwa zwischen fünfunddreißig und fünfundfünfzig sich nicht wieder binden, so liegt der Grund dafür vor allem in der Tatsache, daß sie sich mit ihrem Mann auch nach dessen Tode noch verheiratet fühlen[14], in Gedanken mit ihm weiterleben, bis hin zu einem gegen jede Rationalität erträumten, erhofften oder auch geglaubten Wiedersehen in irgendeinem Jenseits. Ob sie will oder nicht: die Witwe empfindet eine neue Partnerschaft als eine Art Treubruch; sie ist von dem Toten »besetzt«. So viel im Laufe der Zeit Gewachsenes, nur mit diesem Menschen möglich Gewordenes läßt sich nicht »vergessen«.

Die Tatsache, daß ihre Liebeskraft auf diese Weise noch lange von dem Toten absorbiert wird, erklärt vielleicht auch die häufig gemachte Feststellung[15], daß sexuelle Entbehrung bei ihr weniger im Vordergrund zu stehen scheint als beim Mann, für den dies – neben dem Gesichtspunkt der Versorgung – wohl der wichtigste Grund für neue Partnerschaft ist. Da die weibliche Sexualität im allgemeinen sehr stark von dem Wunsch nach seelisch-körperlicher Ganzheit bestimmt wird, scheinen die Betroffenen auf Dauer wohl eher bereit, sexuelle Wünsche notgedrungen aufzugeben, als sie auf ein falsches Objekt zu übertragen.

Trotz aller Widrigkeiten gibt es aber auch immer wieder Beispiele von Lebensmut, einer langsamen Rückkehr ins Leben mit Hilfe beruflicher, sozialer, kirchlicher oder anderer sinnvoller Tätigkeit. Die Kraft dazu schöpfen diese Frauen nicht zuletzt aus dem Zuwachs an Substanz durch die Jahre der Gemeinsamkeit mit dem Partner. Sie haben nicht mehr viel Angst vor dem Tode, denn sie haben ihn schon einmal erlebt. Im Laufe der Zeit haben sie eine Gelassenheit erreicht, eine innere Freiheit, die sie zu großem Engagement außerhalb des Eigeninteresses befähigt. Wer den Weg auf sich nimmt, am Anfang mit manch einer äußeren Krücke, wird nach und nach ruhiger und sicherer, wird allein weitergehen können, ohne zu sehr von der Einsamkeit deformiert zu werden.[16]

Wenn im letzten Jahrzehnt die »glückliche Ehe« immer wieder »hinterfragt« wurde und ihr Gelingen für scheinhaft gehalten, als möglich nur aufgrund verdeckter Umbiegung, ja Ausbeutung der angepaßten Frau definiert wurde, so erklärt sich dies unter anderem aus der Überspitzung von Positionen am Anfang einer Bewegung – in diesem Fall der modernen Frauenemanzipation, die ihre nur allzu berechtigte Existenz und Stoßrichtung aus lang angestauten Reaktionen, aus Diskriminierung und Unterdrückung bezog und bis heute bezieht. Es scheint mir daher an der Zeit, einseitige, häufig zu sehr von Theorien gefärbte Erklärungen durch weitere, empirisch gewonnene Beobachtungen zu ergänzen und so der vielschichtigen Wirklichkeit näherzukommen.

Zweifellos finden sich unter denjenigen, die einen Verlust tiefgehend und anhaltend betrauern, auch jene Überangepaßten, aber weit häufiger trifft man auf solche, die sich vor und in der Ehe als selbständige und »vollwertige« Menschen gesehen haben. Diese Ehen oder sonstigen Bindungen wurden eben nicht als Einschränkungen individueller Freiheit empfunden, sondern als eine – vielleicht die höchstmögliche – Steigerung des Lebensgefühls.[17]

Über diese Zusammenhänge läßt sich aus dem Spätwerk von Marie Luise Kaschnitz mehr erfahren als aus der kargen Forschungs- und Dokumentationsliteratur zu dem Thema.[18] Durch ihre eigene Berühmtheit blieben ihr die sonst mit dem Tode des Mannes einsetzenden gesellschaftlichen Isolationsphänomene erspart; um so deutlicher läßt sich ihrem stark autobiographisch geprägten Werk[19] die innere Entwicklung entnehmen. »Von Marie Luise Kaschnitz habe ich gelernt«, so faßt Christine Brückner zusammen, »daß auch der Tod des einen dieses Gespräch zwischen zwei Menschen nicht abbrechen, nicht einmal unterbrechen kann. Sie hat gegen sein Schweigen angeschrieben. Das Zwiegespräch mit ihrem Toten ist mehr und mehr ein Gespräch mit dem Tod geworden. Ihr Mann war der Gegenstand ihrer Liebe und wurde zum

Gegenstand ihres Gedichtes... Sie holt ihn mit Worten zurück. Selbst untröstlich, tröstet sie... Mit aller Kraft hat sie die Entfernung zwischen dem Toten und der Lebenden überbrückt, aber auch die Entfernung zwischen dem, der schreibt, und dem, der liest.«[20]

Danksagung

Ganz herzlich danke ich Marie Luise Kaschnitz' Freunden Rosi und Helmut Viebrock, Litschan Volhard und Klaus Schultz für ihre Bereitschaft, mir im persönlichen Gespräch Fragen über die Dichterin zu beantworten. Mein besonderer Dank gilt Iris Schnebel-Kaschnitz, die durch ihre Teilnahme und hilfreichen Auskünfte das Entstehen dieses Buches unterstützt hat.

Biographisches, Autobiographisches

Zur Rezeption

Im Rückblick auf die moderne deutsche Dichtung der zweiten Hälfte des Jahrhunderts scheinen mir einige der späten Texte von Marie Luise Kaschnitz zum Besten zu gehören, was diese Zeit hervorgebracht hat. Um so mehr stellt sich die Frage, warum ihr Werk, trotz der inzwischen abgeschlossenen Gesamtausgabe und der Verbreitung bestimmter Gedichte und Erzählungen in Anthologien und Schulbüchern, zunehmend in Vergessenheit geraten ist. Uwe Schweikert[21] hält ihr Werk für »hochmütig verkannt«, stellt fest, daß der Kaschnitz-Leser oft genug »Kopfschütteln, ja Ahnungslosigkeit« erntet und dies, obwohl die Autorin in ihrem Spätwerk thematisch und formal immer wieder in Neuland vorgestoßen sei. Er sieht ihr Spätwerk als Zeugnis einer persönlichen Radikalität, aber auch einer schmerzlichen Desillusionierung, die »scheinbar quer zum Aufbruch der 68er-Generation« standen. Die derzeitige Verkennung dieser Autorin scheint mir auch mit einer Fehleinschätzung ihrer Person zusammenzuhängen, einer Art umgekehrter Diskriminierung. Nichts hat Marie Luise Kaschnitz so sehr verärgert, als wenn in Äußerungen über ihr Werk auf ihre »Damenhaftigkeit« angespielt wurde. *Schließlich kann ich nichts dafür, wenn ich so wirke*, schreibt sie an Hans Bender[22], und in einem 1971 entstandenen Text aus dem Nachlaß heißt es: *Ich werde geschont, wahrscheinlich weil ich alt bin, sogar, wie es zu meinem Ärger gelegentlich heißt, eine grand old lady der Literatur. In den Interviews stellt man mir keine Fragen, die meine politischen Ansichten betreffen, mein Engagement, meine Progressivität ... Statt dessen soll ich von Rom erzählen ...*[23]

Vielleicht hat zu dieser Art Fehleinschätzung unter anderem auch die frühe Verleihung begehrter Preise bis hin zum Büchner-Preis 1955 beigetragen, wodurch der Akzent unangemessen auf die künstlerisch noch sehr von der Tradition abhängigen Arbeiten vor 1950 gelegt wurde. Zwischen 1950 und 1955 aber durchläuft Marie Luise Kaschnitz einen Prozeß radikaler Aneignung modernen Bewußtseins und Ausdrucks, der sich in der Prosa 1955 in ›Engelsbrücke‹, in der Lyrik aber erst 1957 in ›Neue Gedichte‹ niederschlägt, darin enthalten die vorher nur in Zeitschriften veröffentlichten Gedichte ›Hiroshima‹ und ›Genazzano‹, Höhepunkte der modernen Lyrik[24]. Wie die Erwartungshaltung der »Jungen« gegenüber Marie Luise Kaschnitz um und nach 1968 an der Realität vorbeigeht, beschreibt Heinrich Vormweg: »Ich hatte mir lange vorher ein Bild gemacht, das Bild einer älteren Dame, die bei betonter Modernität ihrer literarischen Hervorbringungen dieser Gegenwart schon nicht mehr so recht angehörte, dafür von Adel und humanistisch gebildet war. Das Bild einer privilegierten Alt-Dichterin vor römischer Kulisse, etwas zu hoch angesehen und etwas zu oft dekoriert.« Als er Marie Luise Kaschnitz persönlich kennenlernt, korrigiert er sich: Dieses Bild habe zwar »einiges mit ihrem Image zu tun, doch nichts mit ihr selbst. Sie war ein völlig anderer Mensch... Sie war eine stimulierende Zuhörerin, wach, aufmerksam, gefesselt von Neuem. Sie sprach wenig und immer nur aufs Thema zu, ohne das geringste Bedürfnis zur Selbstdarstellung... Sie war vorurteilslos, ja lernbegierig. Noch als Siebzigjährige. Und es minderte nicht, sondern bestätigte ihre eigenartige Autorität.« Auch Vormweg betont die Aktualität des Spätwerks für heutige Leser, »das sozusagen erst in der Ausweglosigkeit Mut gewinnt, in der Ausweglosigkeit... von Schmerz und Trauer, von Tod und Alter.«[25]

Die folgende Darstellung erstrebt sowohl in den biographischen wie den literarischen Abschnitten keine Vollständigkeit, sondern Erhellung des diesem Buch zugrundeliegenden Themas.

Am 31. Januar 1901 wurde Marie Luise Holzing-Berstett als Tochter eines preußischen Offiziers in Karlsruhe geboren. Man hatte auf einen Sohn gehofft. *Es hätte mich interessiert, das Gesicht meiner Mutter zu sehen, als man mich ihr, das dritte Mädchen, das sie zur Welt brachte, zeigte. (Ich habe einmal gehört, daß sie bei der Geburt meiner zweitältesten Schwester namenlos enttäuscht, bei der meinen aber vollständig gleichgültig gewesen sei.)*[26] Ein Jahr darauf zieht die Familie ins Vorkriegspreußen, nach Potsdam, 1913 nach Berlin. Die Familie – das war nun auch der drei Jahre nach ihr geborene Bruder Adolf Max, genannt Peter. *Ich spielte mit meinem kleinen Bruder, der tat, was ich wollte, aber ich wollte nichts anderes, als aus vertrauten Dingen unvertraute Welten aufbauen, ihn verwandeln, mich verwandeln, das ging so den ganzen Tag.*[27] *– Die großen Schwestern liebten und haßten sich, rissen sich an den langen Haaren, schlugen aufeinander ein, bildeten eine Einheit, so wie mein kleiner Bruder und ich eine Einheit bildeten, die mich, länger als das vielleicht sonst der Fall gewesen wäre, in der Kinderwelt, meiner Welt phantastischer Spiele hielt.*[28] Das Kind leidet unter der *Gottähnlichkeit* der Eltern, ihrem Sich-Verschanzen hinter entfernten Türen. *Die Mutter reichte die Wange zum Kuß, man küßte sie durch einen Schleier, der straff über ihr Gesicht gespannt war und der nach Veilchen roch.*[29] Das leidenschaftliche, schüchterne Kind ist von Ängsten verfolgt, von Phantasie gepeinigt, von Schlaflosigkeit gequält. *Wieder Nacht... Atemzüge meiner Geschwister, ich allein noch wach, eine Uhr tickt und schlägt, tickt und schlägt, tickt und schlägt, und mit jeder Viertelstunde bin ich weiter fortgerissen in einer mitternächtlichen Ferne, von der ich weiß, daß sie für Kinder voll der entsetzlichsten Gefahren ist. Auf dem Nachttisch steht eine Glocke, die ich nicht läuten darf und nach der meine Hand immer wieder tastet, bis ich in der Verzweiflung meiner Einsamkeit doch danach greife und sie schüttele, wild, wahnsinnig, bis die Geschwister erwachen* *und plärren, bis ich auf der Treppe einen Schritt höre, den Schritt...*[30] Dieser Schritt gehört dem badischen Kindermädchen Lulu, das *die Kränkungen und Ängste mit Zuckerwasser und Pfefferminzplätzchen und mit dem Balsam einer nie zu vergessenden selbstlosen Güte zu heilen verstand.* Die Erziehung beruhte auf einfachen christlich-humanistischen Grundsätzen, erweitert um zwei Formeln, mit deren Hilfe eine gewisse »Haltung« erzielt, unkontrollierte Gefühlsausbrüche geächtet werden sollten: *Nimm dich nicht so wichtig* und *nimm dich zusammen!*[31] Die Verinnerlichung solcher Maximen mag erheblich dazu beigetragen haben, daß Marie Luise Kaschnitz offenbar auch nach dem Tod ihres Mannes unfähig war, sich selbst nächsten Freunden mitzuteilen. So geht denn alles, mehr oder minder verwandelt, in ihre Texte ein, und das mit schonungsloser Offenheit.

Aber dieses Elternhaus schnürt nicht nur ein, es fördert auch die besonderen Begabungen der Kinder. Die Mutter, schön, liebenswürdig, lebenshungrig, die alle Widrigkeiten *auf die leichte Achsel nimmt*, sitzt Stunden des Tages am Flügel, singt Schubert und Brahms, dabei *saßen wir unter dem Flügel – nie hat Musik mir herrlicher geklungen.* Die Kinder schmettern dreistimmig Balladen, am liebsten Heines ›Zwei Grenadiere‹, und, immer neu begeistert, *im Haus eines preußischen Offiziers!*, die Marseillaise. Später gehen die beiden Jüngeren ins Berliner Konservatorium, erhalten Unterricht in Musiktheorie und Notendiktat. Die eigene Tochter wird sich eines Tages ganz einem Instrument und der modernen Musik widmen. – Wenn Marie Luise Kaschnitz sich noch im Alter von jungen Theaterfreunden zu Proben mitnehmen läßt, um sich immer wieder der Faszination der Welt vor und hinter den Kulissen hinzugeben, so wurde der Keim dazu von der Mutter gelegt, wenn sie die Kinder im dunklen Zimmer versammelt, um mit der Laterna magica schöne und schaurige Bilder hervorzuzaubern. Der Vater, verehrt, gefürchtet, angebetet, übersieht die Kinder, solange er noch nichts mit ihnen anfangen kann. Er *hat schwarze Haare, schwarzen Schnurrbart und dichte Brauen, ist hochgewachsen, schlank*

...sieht mit hellen, überaus klaren Augen in irgendeine Ferne, jedenfalls über die Kinder hinweg, riecht gut, ist angenehm anzuschauen, aber ungemütlich; ihm um den Bart zu gehen, sich an seine Knie zu schmiegen, wem käme das in den Sinn. Kein Gefühl von Geborgenheit, dafür Bewunderung, schöne Eltern, so schöne hatte kein anderes Kind. Ein Gefühl von Furcht auch, dem Vater gegenüber, besser gesagt, Unsicherheit, nicht wissend, woran man mit ihm ist, dabei schlägt er die Kinder niemals, brüllt auch niemals, trotzdem. Er vergißt jeden Kindergeburtstag, geht aber mit ihnen in jede Zirkusvorstellung, *da saßen wir im innersten Logenring, das gelbe Sägemehl stob in unsere Gesichter, und der Herr Direktor, der in Frack und Zylinder die Hohe Schule ritt, lüftete, während sein Schimmel zierliche Schritte ausführte, vor meinem Vater stolz und ehrfurchtsvoll den glänzenden Hut. Alles, was der Herr Direktor konnte, konnte mein Vater auch und übte es mit seinen Pferden auf den Sandringen zwischen den Lebensbäumen, Pirouette, Parade, Capriole.* Im geheimen sind die Kinder davon überzeugt, daß der Vater *im grünen Wagen zu Hause sei und daß er eines Tages dorthin zurückkehren werde.* Er war immer ein Außenseiter, ein Fremdling, mit einer *nicht bis zur wirklichen Schöpferkraft vorgetriebenen künstlerischen Anlage*, hin und her schwankend zwischen Freiheitsgelüsten und einem traditionell als ethisch empfundenen Willen zur Unterordnung unter die Staatsräson, mitten in einer militärischen Blitzkarriere heimgesucht von schwersten Depressionen und Gedanken an vorzeitigen Abschied. Seinen Kameraden in den preußischen Regimentern galt der Badener als *halber Intellektueller und heimlicher Demokrat*, seine Leitfigur nicht Bismarck, sondern Voltaire. *Er war ein Kind der Aufklärung und ein deutscher Idealist, und was eigentlich hat er uns beigebracht – keine Vaterlandslieder, aber Achtung, nicht nur vor dem Mitmenschen, sondern vor jeder Kreatur.* Im Kriege nannte man ihn den »roten General«; er wurde ein Demokrat, *später eine Art Nationalsozialist, wenn es auch den Nationalsozialismus, an den er glaubte, nie gegeben hat.* In diesen Vater, fern und faszinierend, sind alle drei

Mädchen »verliebt«, aber sein Kind ist Lonja, die Zweitälteste, die alles ist, was die jüngere nicht zu sein glaubt. Sie ist die Begabte, die Furchtlose, die Tänzerin auf dem Eis; mit ihr redet er, mit ihr spielt er Schach. Der Wunschtraum, den Vater einmal für sich zu haben, erfüllt sich vielleicht vier- oder fünfmal während der ganzen Kindheit. Unvergeßlich die Ruderfahrten mit ihm auf dem Jungfernsee: ... *Was er uns bei solchen Bootsfahrten zeigte, einen Eisvogel, eine Kumuluswolke, ein Nest im Schilf, war unvergeßlich, so als habe erst sein Blick, sein Wort unsere träumerisch-verschwommene Kinderlandschaft gegliedert und erhellt.* Diese Tochter ist ein Naturkind, ein Augenkind, dem sich alles, was es wahrnimmt, im Spiegel seiner Phantasie verwandelt. Sie selber möchte sich verwandeln können, *fort aus der trägen Hülle, das dünne Mädchen aus dem dicken,*[32] möchte tanzen können und auf dem Eis Pirouetten drehen wie Lonja, möchte fliegen können wie ein Zirkuskind von Trapez zu Trapez, ganz ohne Furcht. Und sie fliegt, auf der Schaukel im engen Korridor der Berliner Wohnung, Glücksgefühle beim Überwinden der Schwerkraft. Wenn sie die »Kerze« macht, fegt das lange Haar mit einem sonderbaren Geräusch über den Boden, die Dinge stehen auf dem Kopf, werden zugleich *merkwürdig und ohnmächtig und die Tatsache, daß es an mir lag, sie auf solche Weise zu verwandeln, gab mir ein Gefühl von Freiheit und Glück.*

Der Krieg bringt die üblichen Entbehrungen, über die man nicht viel spricht. Einschneidend ist die ständige Abwesenheit des Vaters, der auch die Urlaube aus dem »Feld« mit der Mutter allein verbringt. Die Geschwister treibt es in ihren Ferien nach Bollschweil im Breisgau, wo in diesen Jahren das lange Zeit baufällige und unbewohnbare Familienhaus wieder hergerichtet wird, *das wir Kinder, damals schon lang in Berlin wohnend, als unsere eigentliche Heimat leidenschaftlich zu lieben begannen.* Von Jahr zu Jahr mehr verwächst die Familie mit diesem Ort. Hierher kehrt nach verlorenem Krieg der Vater zurück, zutiefst deprimiert, *auf dem Nullpunkt seiner Existenz.* Er schlägt sich ein Zelt im Garten auf, schläft dort, leidet unter der *schrecklichen Munterkeit* seiner Frau, der Unbeschwertheit seiner Töchter; die Ehe zerbricht, die Eltern leben von nun an nur noch nebeneinander her, wenn auch unter einem Dach. Der Vater versenkt sich in landwirtschaftliche Studien, legt Treibhäuser nach flandrischem Muster an, in denen auch die Töchter arbeiten. Aber die Niedergeschlagenheit des Vaters legt sich wie ein Schatten über die gerade erst gewonnene Heimat.

1922 geht Marie Luise v. Holzing für eineinhalb Jahre als Lehrling in die Buchhandlung Thelemann in Weimar, angezogen weniger von Goethe als vom Bauhaus, von Malern wie Feininger, Schlemmer, Kandinsky und Klee. Dies sind auch die Jahre, *in denen ich Küsse bekam und Küsse gab, mich aber, wenn einer mehr wollte, wie ein Teufel wehrte. Wie ich meine lächerliche Jungfernschaft verteidigte, mich aufsparte für einen, der noch kommen sollte und dann auch wirklich kam. Unvorstellbar schon der nächsten, um wieviel mehr der übernächsten Generation diese trotzige Entschlossenheit, alles unter einen Hut zu bringen, die geistige und seelische Übereinstimmung und die Freude im Bett.* Nach beendeter Lehre arbeitet sie ein Jahr in einem Münchner Kunstverlag, wo ihr Guido Kaschnitz von Weinberg, 34jähriger österreichischer Archäologe, zum erstenmal begegnet.

»Mannundfrau«

Guido Kaschnitz geht zurück nach Rom, *wohin es auch mich oder wohin er mich, ohne es zu wissen, zog. Als wir uns dort wieder trafen, war er als wissenschaftlicher Hilfsarbeiter im Deutschen Archäologischen Institut aufgenommen, ich arbeitete in einem Buchantiquariat.*[33] Im Dezember 1925 wird in Bollschweil geheiratet.

Guido Freiherr Kaschnitz von Weinberg wird am 28. Juni 1890 in Wien geboren: dritter Sohn eines hohen österreichischen Beamten. Ein von gegenseitiger Toleranz geprägtes Familienleben fördert seine Begabung. Schon der siebzehnjährige Gymnasiast veröffentlicht Fundberichte in archäologischen Fachblättern. Während seines Studiums in Wien konzentriert er sich auf die Geschichte der Kunst des mittelmeerischen Raumes und promoviert 1913 mit einer Arbeit über ›Griechische Vasenmalerei der klassischen Zeit‹. Der Ausbruch des ersten Weltkrieges unterbricht jäh den vielversprechenden Beginn seiner wissenschaftlichen Karriere. Vier Jahre in Uniform und katastrophale wirtschaftliche Zustände im Nachkriegsösterreich werfen Kaschnitz zunächst aus der beruflichen Bahn. Er geht nach München und arbeitet dort für einen Verlag als knapp bezahlter Herausgeber von Kunstmappen. Im Herbst 1923 wird er im wiedereröffneten Deutschen Archäologischen Institut in Rom als Hilfsarbeiter angestellt, zwei Jahre darauf als Assistent. Ein Außenstehender gibt seinen Eindruck von Guido Kaschnitz wieder: »Wer ihn gekannt hat, kann es sich nicht versagen, ihn zu schildern. Er vereinte das Starke einer wohl slawischen Abstammung mit allem, was einen Wiener liebenswert macht. Schlank, der ehemalige k.u.k.-Offizier keineswegs gleich sichtbar, doch gut vorstellbar. Das Gesicht eher kantig, in der Haltung des Kopfes und der Schulter lag etwas Kraftvolles, man möchte sagen überlegt Standhaltendes. Große helle Augen blickten den Menschen freundlich, zuweilen auch scharf-kritisch, manchmal schalkhaft an. Und diese Augen waren, wie es die Dichterin mit einem altmodischen Wort genau ausgedrückt hat: seelenvoll. Über das Gesicht konnten Schatten huschen, wie in das männlich-tiefe Wiener Timbre der Stimme plötzlich Resignation und Skepsis hineinkamen.«[34]

Die ersten Ehejahre verlaufen in sehr bescheidenem Rahmen, in Institutsquartieren und zur Untermiete, nie mehr als zwei Zimmer. Um die Habilitationsschrift fertigzustellen, zieht man Ende der zwanziger Jahre sogar zwei Winter lang an die französische Riviera nach Menton, weil damals das Leben dort billiger ist und man sich im benachbarten Spielkasino von Monte Carlo mit Hilfe eines ausgeklügelten Systems finanzielle Erleichterung erhofft. *Die Befreiung vom Geld-*

verdienen, die meinem Mann vorschwebte, um seine Geschichte der mittelmeerischen Strukturen zu schreiben, haben wir nicht gewonnen. Die Verluste wurden immer noch höher, und am Ende habe ich den Spielsaal nur noch zitternd betreten.[35]

Die frühen römischen Jahre *sind das Glück*. Wann immer die beiden können, durchstreifen sie die Stadt, tauchen ein in deren Geschichte und Gegenwart. Zu Kaschnitz' Aufgaben gehört das Herstellen von Fundberichten; das bedeutet häufige Reisen innerhalb Italiens, auf denen ihn seine Frau begleitet. Nach und nach wachsen sie in einen immer sich erweiternden Freundeskreis hinein. Dieser wird für Marie Luise Kaschnitz außerdem zur Quelle wissenschaftlicher und künstlerischer Information, womit sie ihre intellektuelle Neugierde speist, eine Art Ersatz für ein versäumtes Studium. *Kaum, daß ich geheiratet hatte, war ich überglücklich, der Welt der wissenschaftlichen Institute und der Universität anzugehören, die mir, der Offizierstochter, mit einemmal als die einzig begehrenswerte erschien. Im Kreise der Professoren und ihrer Frauen war ich lange Zeit die jüngste, jedenfalls die ungebildetste, meine Fragelust aber war ungeheuer, ich hörte jeder Belehrung zu. Das Fach, das der Professor vertrat, spielte keine Rolle, ich fragte die Altgermanisten und die Romanisten ebenso aus wie die in unserem Kreise seltenen Naturwissenschaftler.*[36]

In diesen Jahren scheint sie, die bis dahin noch nichts Nennenswertes geschrieben hat, sich bewußt oder unbewußt auf ihre spätere Arbeit vorzubereiten. In intensivem Erleben und Aufnehmen menschlicher und geistiger Eindrücke, im genauen Beobachten ihres näheren und ferneren sozialen Umfeldes und vor allem im täglichen Erleben ihrer jungen Ehe sammelt sich der Stoff für die spätere literarische Produktion. 1927, im ruhigen ersten Winter in Menton, fängt sie an zu schreiben. In einem ›Interview mit sich selbst‹ (1965) fragt sie, warum sie nicht, wie andere, unter ihrem Mädchennamen schreibe. Sie antwortet: *Unter dem Namen meines Mannes habe ich von Anfang an geschrieben, weil erst er es war, der mich zum Schreiben ermutigt hat und weil er Zeit seines Lebens mein bester Kritiker war.*[37] Zwei Erzählungen werden von dem renommierten Verlag Cassirer für eine Anthologie angenommen. 1928 wird ihre Tochter Iris Costanza geboren. Marie Luise Kaschnitz arbeitet weiter, auch wenn sie sich die Zeit dafür gelegentlich »stehlen« muß. Die Prioritäten sind eindeutig, jedenfalls rückblickend im Gespräch mit Horst Bienek 1962: *Wahrscheinlich haben Sie recht damit, daß es früher mein Hauptberuf war, verheiratet zu sein. Ich mußte dafür sorgen, daß mein Mann möglichst gut arbeiten konnte und daß er und unser Kind möglichst glücklich waren. Trotzdem habe ich auch damals immer gearbeitet und meine eigene Gedanken- und Ideenwelt gehabt. Ich glaube, daß mein Mann eher froh darüber war. Eine Frau, die am Diwan sitzt und auf den Mann wartet, hätte ihn verrückt gemacht. Dagegen ist eine Mutter, die immer auf ihre Kinder wartet, wahrscheinlich ganz ideal. Weil ich das gespürt habe, habe ich von meiner Arbeit nie etwas hergemacht. Ich habe oft heimlich im Caféhaus zwischen zwei Einkäufen gearbeitet. Ich kann nicht sagen, daß ich jetzt, wo ich, abgesehen von Vorlesereisen, Besuchen und einer großen Korrespondenz, unbegrenzte Muße habe, mehr zustande bringe als damals in der kurzen, gestohlenen Zeit.*[38] Wenn Marie Luise Kaschnitz gelegentlich die eigene, zu der Zeit noch fast unbezahlte Arbeit hinter den wissenschaftlichen Veröffentlichungen ihres Mannes zurückstellte und die Sorge um das Glück ihrer Familie nicht für eine »Behinderung«[39], sondern für ihre wichtigste Aufgabe hielt, so tat sie dies aus freier Entscheidung und gemäß ihrer *Lebensweisheit, immer das Nächstliegende gut, ja auf die denkbar beste Weise zu erfüllen.* Ich bin der Meinung, daß es zu jeder Zeit Ehen gegeben hat und gibt, in denen beide Partner aufgrund eines ausgewogenen Selbstwertgefühls auf Aggressionen und Unterdrückung verzichten können und dem Partner genügend Freiraum lassen, um eine befriedigende persönliche Entwicklung innerhalb der Ehe zu ermöglichen. Und dies nicht obwohl, sondern weil die Bindung so eng ist. Früher, und da liegt der Hauptunterschied zu heute, wurde eine Ehe oder eheähnliche Beziehung als Privatsache angesehen, die gesellschaftliche Prägung durch Familie, Schule oder Staat blieb eher unbewußt. Daß für Marie Luise Kaschnitz das Leben an der Seite des von seiner Arbeit besessenen Wissenschaftlers Guido Kaschnitz nicht immer unproblematisch, gar ein »Idyll« war, geht aus folgender Aufzeichnung hervor: *Alle Museen, die mein Mann zu Studienzwecken besucht hat, und die ich mit ihm besucht habe, sind in meiner Erinnerung zusammengewachsen zu einem einzigen unermeßlichen Gebäude, Säle, Gänge, Treppen, tausende von Kilometern, zurückgelegt mit jungen Schritten, mit müden Schritten, mit neugierigen Augen, mit Augen, die übersättigt das Fenster suchen, dieses Viereck voll von schönem langweiligem Blau, Vasen, Vasen, weiße zartblau bemalte, schwarzfigurige, rotfigurige, Sportler und Krieger, Liebhaber, enge Taillen, breite Schultern, Locken und kurzer Bart...*

Die endlosen Säle voll Statuen, schön gefaltete Gewänder, ohne Köpfe, Brustpanzer, aus Marmor oder Bronze, mit Darstellungen der Erdenwelt und der Sternenwelt, und die Sarkophage mit ganzen Heeren, Kopf an Kopf, Leib an Leib vordrängend in der Schlacht. Die Eroten und Genien, der sterbende Gallier und das Mädchen von Auxerre, weiter und weiter, in Glück und Überdruß, durch das alte, unermeßliche Museum, durch meine alte, versunkene Welt.[40]

Überdruß, ja, stilistisch zugespitzt, aber eben auch das Glück, an der Arbeit des Partners teilnehmen zu können. Marie Luise Kaschnitz hatte sich, seitdem sie ihren Mann kannte, mit Archäologie beschäftigt. *Ich lernte ohne Mühe, und bald konnte ich Fragen stellen... die ihn lockten, von den Dingen zu sprechen, die er ergründen wollte.*[41]

In dem Anfang der dreißiger Jahre entstandenen Roman ›Liebe beginnt‹ kann die weibliche Hauptperson in ihrer übertriebenen, ja totalen Liebesforderung an den Partner nicht damit fertigwerden, daß dessen Interessen sich auch auf Gebiete erstrecken, die mit ihr unmittelbar nichts zu tun haben, wie sein wissenschaftliches oder politisches Engagement. Nach einigen etwas melodramatischen Vorkommnissen, die offensichtlich die autobiographische Grundlage der Handlung ins Romanhafte verfremden sollen, findet das Paar zu einem vertieften Verständnis füreinander.[42] Ähnliche Motive, zum Beispiel das Erkennen der Grenzen der Belastbarkeit des Partners, liegen vielleicht auch der »Flucht« nach Freiburg kurz vor Iris' Geburt zugrunde. *Zärtliche Worte, ja, und da plötzlich die Abreise, meine, allein. Was habe ich im Sinn gehabt mit dieser Flucht? Er sollte mich so kreatürlich plump, so verzerrt nicht länger sehen, keinen Ekel empfinden müssen, nein, ein Mann, der sich das Dabeisein im Kreißsaal erbettelt, war er nicht.*[43]

Offenbar wurde Guido Kaschnitz aber doch ein liebevoller und geliebter Vater. Jedenfalls erwähnen die Texte mehrfach, daß er die Tochter auf die Schultern genommen und sie da habe reiten lassen, eine Haltung, die wohl für jedes Kind Vergnügen und Geborgenheit bedeutet. Dieses Kind scheint es mit diesen Eltern nicht immer leicht gehabt zu haben, obwohl bei der Neigung der Autorin zu scharfer Selbstkritik Vorsicht angesagt ist beim Rückschluß auf das Leben: *Später hat man so vieles falsch gemacht, schuldigerweise und unschuldigerweise wie alle Eltern, zu viel Liebe, dann wieder zu wenig, und immer die Sorge, welche Last schwer wie Backsteine besonders auf dem Kopf eines Einzelkindes ruht. Eine glückliche Ehe, das habe ich schon einmal gesagt, ist für ein Einzelkind ein weiterer Haufen von Backsteinen. Ihr haltet auch immer zusammen, sagte unsere Tochter vierjährig und stellte sich mit geballten Fäusten mit dem Gesicht zur Wand.*[44]

1932 verläßt die Familie Rom, und Guido Kaschnitz habilitiert sich in Freiburg mit einer Arbeit über ›Die Struktur in der griechischen Plastik‹, Teil seiner lebenslangen Beschäftigung mit einer Strukturgeschichte der Kunst der Mittelmeerländer. Sie leben eine Zeitlang in Bollschweil, würden gerne länger bleiben, aber schon während des ersten Semesters erhält Guido Kaschnitz einen Ruf auf den Lehrstuhl für Archäologie in Königsberg. Was ihnen zunächst als *eine rechte Verbannung* erscheint, wird besonders für Marie Luise Kaschnitz zu einer sehr fruchtbaren Zeit. Von der Natur des kargen Landes ist sie *bis zur Besessenheit angerührt*[45], hier entstehen Gedichte, zwei Romane, das Naturmärchen ›Der alte Garten‹, der Anfang der Courbet-Biographie. *Was in jenen Jahren politisch geschah, war noch fern von den späteren Greueln, für einen so völlig integren und unbestechlichen Menschen wie meinen Mann deutete es dennoch unmißverständlich auf Gewaltverbrechen und Krieg.*[46]

Diese Haltung ihres Mannes prägt in zunehmendem Maße Marie Luise Kaschnitz' eigenes politisches Bewußtsein, verschärft durch das Erleben von Emigration innerhalb des engsten Freundeskreises, von Suspendierung politisch unliebsamer Kollegen von der Universität. Zu Anfang des Krieges verschwindet aus ihren Gedichten die Natur als Thema, im Mittelpunkt steht jetzt *die Politik als Schicksal, der Mensch im Räderwerk historischer Ereignisse, der Mensch überhaupt.*[47]

Immer wieder erwägen sie in diesen Jahren den Gedanken der Auswanderung, verwerfen ihn aber, auch weil Guido Kaschnitz glaubt, nur auf Deutsch veröffentlichen zu können. In Marburg, wohin er 1937 berufen wurde, wird die Freimütigkeit seiner Äußerungen gegenüber Studenten und Kollegen innerhalb der kleinen Universität zu einer erheblichen Gefahr. Dies ist wohl einer der Gründe, weswegen Kaschnitz 1941 einen Ruf nach Frankfurt am Main und damit in die etwas anonymere Großstadt annimmt. Sie finden eine Wohnung im Frankfurter Westend, wo Marie Luise Kaschnitz bis zu ihrem eigenen Tod, also 33 Jahre lang, wohnen wird. Wie schon in Königsberg und Marburg, treffen sie auch hier auf einen Freundeskreis von ähnlicher, zuverlässiger Gesinnung. *An der Wichtigkeit unserer Arbeit zweifelten wir keinen Augenblick, eine wissenschaftliche Erkenntnis, eine gelungene Verszeile, auch eine nie gedruckte, konnte nach meiner damaligen Auffassung die Welt verändern, verbessern.*[48]

Gegen Ende des Krieges ziehen sie aus der Stadt in den Taunus. Der Tag der Zerstörung Frankfurts ist auch persönlich ihr *schlimmster Tag*: Zur Zeit des Angriffs, der Zerstörung des Hauptbahnhofs, hat sich die fünfzehnjährige Tochter, zusammen mit einer Freundin von der Schule kommend, eben dort aufgehalten. In Todesangst suchen die Eltern nach ihr in den Trümmern, auf dem Bahngelände, in zerstörten Zügen. Die Mädchen waren durch Geistesgegenwart und glückliche Fügungen nach langem Umherirren in der brennenden Stadt mit knapper Not dem Schlimmsten entkommen.

Hier in der Nähe Frankfurts erleben sie das ersehnte Kriegsende, das Ende des verhaßten Systems, erste Dokumentationen des vollen Ausmaßes der NS-Greuel. Da die Amerikaner das Haus im Taunus besetzen, kommt Iris in eine Internatsschule, während die Eltern sich zu Fuß nach Bollschweil aufmachen und dort den ersten Nachkriegswinter verbringen. Im Frühjahr 1946 Rückkehr ins Frankfurter Westend. Die Nachkriegsgegenwart mit ihrem Elend, aber auch ihrer Aufbruchstimmung geht in lyrische Zyklen ein. Marie Luise Kaschnitz wird ab 1945 Mitarbeiterin der von Dolf Sternberger, Karl Jaspers u.a. herausgegebenen Zeitschrift ›Die Wandlung‹. Gedichtsammlungen erscheinen 1947 und 1951 bei Claassen-Goverts, 1952 dann die ersten Erzählungen und Hörspiele.

Ich halte die Geschichte »Das dicke Kind« für meine stärkste Erzählung, weil sie am kühnsten und am grausamsten ist. So grausam zu sein, konnte mir nur gelingen, weil das Objekt dieser Grausamkeit ich selber war.[49] Bei aller zunehmenden Genauigkeit des künstlerischen Blicks auf Menschen und Zeitgeschehen fehlt in diesen Jahren in den Dichtungen kaum je der mildernde Hinweis auf das Rettende. Denn die Liebe, im persönlichen Leben als Kraftquelle und Sinn erfahren, wird von Marie Luise Kaschnitz zu diesem Zeitpunkt auch in der objektivierten Gestalt der Dichtung noch als rettende Möglichkeit gesehen: *Denn das kleine Leben ist erfüllt von den gleichen Spannungen, Ängsten und Freuden, die auch das große ausmachen, auch der kleine Bogen senkt sich am Ende der Liebe zu.*[50] 1953 läßt sich Guido Kaschnitz von der Frankfurter Universität beurlauben, um die Leitung des soeben erst an die Bundesrepublik zurückgegebenen Deutschen Archäologischen Instituts in Rom zu übernehmen, des Instituts, wo vor 30 Jahren seine Laufbahn als Wissenschaftler und auch beider Ehe begonnen hatte. Trotz erheblicher diplomatischer, gesellschaftlicher und freundschaftlicher Verpflichtungen, der nun wieder aufgenommenen gemeinsamen Studienreisen nach Apulien, Griechenland, Ägypten und in die Türkei werden diese drei römischen Jahre auch für Marie Luise Kaschnitz' eigene Arbeit außerordentlich fruchtbar. Neben den wichtigen, zunächst in Zeitschriften, erst 1957 als Buch veröffentlichten ›Neuen Gedichten‹ entsteht die Kurzprosa des Bandes ›Engelsbrücke‹.

Im Frühjahr 1956 entschließt sich Guido Kaschnitz, zum frühesten Zeitpunkt sowohl das römische Institut wie die Universität Frankfurt zu verlassen. Er braucht Zeit, um das Lebenswerk, die Strukturgeschichte der Mittelmeerländer, zu Ende zu führen, die vielen Einzeluntersuchungen zu einem Ganzen zusammenzuschließen. Im Spätherbst 1956 bricht bei einem Studienaufenthalt in Wien der *tödliche Schrecken* der Krankheit aus: Man stellt einen Gehirntumor fest. Nur seine Frau weiß von Anfang an, daß keine Hoffnung auf Genesung besteht. Was dieser *persönlichste Höllensturz* [51] für Marie Luise Kaschnitz bedeutete, läßt sich aus den ersten ihrer hier abgedruckten Texte erahnen.

Es sind Texte voller Entsetzen, der geliebte Mensch jäh der Krankheit hilflos ausgeliefert, der vorher so differenzierte Geist durch unkontrollierbare Kräfte sich selber entfremdet, verzerrt. *Seine Hand hing in meinem Arm, einmal war ich eine Geliebte, jetzt eine Pflegerin.* Zwischen Verzweiflung und Hoffnung wider alles Wissen, der tägliche Kampf um Sprache, um Leben, neue Kräfte gesogen aus dem *alten, von Geist und Liebe erfüllten Blick.*[52] Im zweiten Jahr Zeiten erstaunlicher Besserung, neue Arbeitspläne, sogar ein Auftreten im Kollegenkreis, »wie das Unglaubliche geschah, wie bei einer Winckelmann-Feier der bereits dem Tode Verfallene hinter seiner Frau erschien, die mit wirrem Haar und offenem Pelzmantel, ganz verstört, im biblischen Sinne entsetzt den Saal betrat. Ein Wunder war geschehen, aber es war doch nur ein Wunder auf Zeit, ein Moratorium«.[53] In den letzten Monaten dann das Aufreißen des Abgrunds zwischen der Lebenden und dem Sterbenden, die entsetzliche Stummheit, der traurig fremde Blick,[54] das quälende Gefühl von Hilflosigkeit, Schuld und Versagen in der Überlebenden. Am 1. September 1958 stirbt Guido Kaschnitz von Weinberg. Er ist in Bollschweil begraben.

»Einer von zweien«

Marie Luise Kaschnitz bleibt in Frankfurt. Einige Zeit des Jahres verbringt sie bei der Tochter in Rom, beim Bruder in Bollschweil. Reisen macht sie nur noch zu bestimmten Zwecken, Treffen mit Freunden und Schriftstellerkollegen, Vortragsreisen, diese allerdings bis nach Südamerika (1961) oder in die USA (1967). Die Wohnung in der Wiesenau im Frankfurter Westend wird zum Refugium, zum *Kokon*,[55] auch für das nun einsetzende und bis zu ihrem eigenen Tod anhaltende unendliche Zwiegespräch mit dem Toten. Es vergeht *kein Tag, keine Tageszeit, in der ich nicht an dich denke, und meine Einsamkeit ist, trotz meines geselligen Lebens, kaum zu ertragen, am ehesten noch hier, wo ich dir ein Zuhause solange erhalten habe, aber vielleicht auf die Dauer doch nicht erhalten kann.*[56] Auf Außenstehende wirkt sie auch in diesen ersten Jahren fast »normal«; denn *wie ja auch Schwerhörige und Schwachsichtige im Verstecken ihrer Mängel eine gewisse Virtuosität entwickeln, war ich geschickt genug gewesen, mir nicht anmerken zu lassen, daß kein an mich gerichtetes Wort mich erreichte, daß kein in meine Augen fallendes Bild bis auf den Grund meines Bewußtseins drang.*[57] Sie beschäftigt sich in dieser Zeit mit Gelegenheitsarbeiten, meist kunstgeschichtlicher oder literaturwissenschaftlicher Art. Eine willkommene Ablenkung und Aufgabe ist das Angebot der Philosophischen Fakultät der Universität Frankfurt, im Sommersemester 1960 Vorlesungen über Poetik zu halten.[58] In diesen Jahren entstehen die ergreifenden Gedichte, die 1962 unter dem Titel ›Dein Schweigen – meine Stimme‹ erscheinen.

1961 macht sie, nach langer Pause, wieder eine Lesereise durch die Bundesrepublik und schreibt, auf der Schiffsreise nach Südamerika, an dem Prosaband ›Wohin denn ich‹, Zeugnis jenes *seltsamen Zickzackwegs*, der für die Außenstehenden so schwer zu begreifen ist, das Hin und Her zwischen Sehnsucht nach dem Leben und Vereinigung mit dem Toten. *Daß dein Tod für alle anderen eine bedauerliche Tatsache, für mich aber ein lebendiger Prozeß, immer noch Anziehung, Abstoßung, Nähe und Ferne war, wollte niemand verstehen. Allenfalls glaubte man, daß ich nachts in deinem Zimmer ein paar Tränen vergösse, aber die flossen nicht, weil da so viel mehr war als Wehmut, der leidenschaftliche und angstvolle Wunsch, dich dort, wo du bist, glücklich zu wissen.*[59] Sie war nie jemand gewesen, der über das, was nur sie persönlich anging, gern sprach. Über ihre Trauer konnte sie so gut wie gar nicht reden, wohl aber über ihren Mann. Als äußerst schmerzlich empfand sie die Tatsache, daß die anderen, vermutlich aus Hemmungen oder falsch verstandenem Taktgefühl, das Gespräch über diesen liebenswerten und zeit seines Lebens menschlich wie beruflich außerordentlich umworbenen Menschen vermieden. Harald Keller, Kunsthistoriker und Freund, berichtet von einem Erlebnis aus dem Jahr 1960.[60] »Als Herr v. K. W. 70 geworden wäre, informierte ich Rektor, Dekan, Presse usw. Als ich dann selbst mit Rosen zu Frau v. K. kam, sagte sie mit todtrauriger Stimme zu mir: ›Der Guido ist vollständig vergessen – alle diese Blumen hast du arrangiert.‹« Um so stärker wird in ihr der Wunsch, gegen das Vergessen anzuschreiben. *Weiterschreiben, weiterleben, mit schwererem Mut als bisher.* Es bleibt dann *neben dem Schweigen nur das Selbstgespräch, freilich ein mit Zucht und Überwindung geführtes, das eben um dieser Zucht und Überwindung willen noch einen Sinn haben mag... Und doch hat mich etwas ins Leben zurückgetrieben und mir die Augen aufgerissen... Bemühe dich gefälligst, was du daraus machst, steht bei dir. Jeden Tag habe ich ein wenig mehr gesehen und gehört und bedacht, und meinen toten Geliebten habe ich nicht aus dem Sinn verloren, er war immer da.*[61] Weiterleben also bedeutet weiterschreiben, aber mit einem anderen, durch die Leidenserfahrung verwandelten Blick. *Halte nicht ein bei der Schmerzgrenze / Halte nicht ein / Geh ein Wort weiter / Einen Atemzug / Noch über dich hinaus / Greif dir im Leeren / Die Osterblume.*[62]

»Das Auge der Welt«

Es würde den Rahmen dieses Buches sprengen, auf Marie Luise Kaschnitz' Weg als Schriftstellerin genauer einzugehen. Vielmehr verweise ich auf bereits vorhandene Arbeiten und beschränke mich auf eine kurze Darstellung jener literarischen Entwicklungen, die mir für die menschliche Thematik dieses Buches besonders aufschlußreich scheinen.[63]

Unsere Textsammlung beginnt mit zwei frühen Gedichten, ›Am Strande‹, 1935, und ›Die Ewigkeit‹, 1940[64], die zeigen, daß die großen Themen Liebe, Tod und Vergänglichkeit von Anfang an vorhanden sind, aber der Tod noch keine Erfahrung ist, sondern eher dunkle Folie Thanatos für die Helligkeit und Wärme des Eros. Die Gedichte wirken auch heute noch stark; es überträgt sich die Wahrheit und Kraft des Gefühls. Ihre Formgebung ist »schön«, aber ganz traditionell, aus klassisch-romantischem Erbe.[65] Auch die während des zweiten Weltkriegs entstandenen Gedichte, Klagegesänge über Tod und Zerstörung auf dem Grundton der Menschenliebe, werden noch in den tradierten abendländischen Formen wie Ode, Stanze und Sonett vorgetragen, wohl in der Hoffnung, daß die festgefügte Form aller Vernichtung zum Trotz die Dauer einer geistigen Welt zu garantieren vermöchte. Die Gedichte erschienen regelmäßig in der ›Frankfurter Zeitung‹ und waren damals offenbar vielen Lesern wichtig und tröstlich. 1945 bedeutet sowohl die ersehnte Befreiung von Krieg und Nationalsozialismus als auch den anhaltenden Selbstvorwurf des Versagens des »inneren Widerstands« gegenüber den unvorstellbaren Leiden all der Getöteten, Verfolgten, Vertriebenen. Weitgeöffneter Blick in die Trümmerlandschaft ringsum, äußere und innere; Gefühl der Gottverlassenheit des »ausgesetzten« Menschen. Intensives Sichten der im Ausland inzwischen erarbeiteten Ausdrucksmöglichkeiten; Anregungen besonders aus der angloamerikanischen Moderne, aber auch der bildenden Kunst, Picasso. Was zunächst entsteht, sind breit angelegte lyrische Zyklen, der erste von ihnen, ›Rückkehr nach Frankfurt‹, auch der eindringlichste: *Opernplatz, Rose den Winden / Stern, der die Straßen entläßt, / Wie Du mir aufblühst im blinden / Dunkeln Kastaniengeäst / ... Die Töne alle versungen, / Die Goldgewänder verzehrt, / Weiß Gott, wohin entsprungen / Vom Dach das Flügelpferd.* Und dann das dieser Dichterin so eigentümliche Ineinander von Realem und Irrealem: *Keiner kommt und wehrt / Diesem fremden Pferd / Sich in Rosenbeeten / Einen Pfad zu treten, / Bei den Brunnensteinen / Plötzlich zu erscheinen*[66] ... Mit dem festen Standpunkt, dem bloßen Abbilden aus einer Perspektive ist es nicht mehr getan. Der Künstler hat *keine Meinung, die von innerer Sicherheit spricht und die dem Leser oder dem Beschauer innere Sicherheit verleiht. Die neue Darstellungsform ist nur der Spiegel solcher Sehweise, immer wieder wird angesetzt, versucht, neu umrissen ... Die Abkehr der Lyrik von der strengen Vers- und Reimform war keine modische Erfindung, sie entsprach der Scheu, Letztes und Verbindliches auszusagen.*[67] Aber der neue Blick sucht seine Sprache, er krankt noch an zuviel Rhetorik, an Wort- und Bildüberhäufungen, an einem zu hohen Ton, zu üppigen Farben (Adjektive!), zu vielen Wie-Vergleichen.[68] *Auf die Heimat, an die ich denke, können keine Grundbriefe ausgestellt werden, keine Übereignungen, keine Erbscheine. / ... Ein Recht auf die niedere Mauer des Friedhofs, der wie ein Schiff hinsegelt, / Ein Totenschiff auf dem Gipfel der Wiesenwelle, / Ein Recht auf den Regenbogenglanz im Moore am Ende des Hochtals, wo die Wollblumen blühen? / ... Ein Recht auf die Höhlentiefe im felsigen Rebhang, wo die Steine so vielfarbig glänzen, rostrot, veilchenblau, Schwefel? ...*[69] Wenn Marie Luise Kaschnitz später, auf dringenden Wunsch ihres Publikums, aus solchen Gedichten liest, ist sie *nur selten gerührt, meistens angewidert, manchmal erstaunt, wie mir das von den Lippen ging, leicht und fremd*. Und: *Die Versuchung der Dichtung, alles zu sagen, was sie weiß, ist ungeheuer, sie ist in Gefahr, schwatzhaft zu werden.*[70] Das sind harte Worte, bezeichnend für die uneitle Distanz zu sich selber, die diese Schriftstellerin in seltenem Maße zu erbarmungsloser Selbstkritik befähigt.

Aber der Name der »Trümmerdichterin«[71] wird bereits über die Grenzen der jungen Republik hinaus bekannt. Man lädt sie ein zu Kongressen und Dichtertreffen. Während der ersten Tagung dieser Art 1948 in Royaumont bei Paris bittet ein *schmächtiger Jüngling aus Czernowitz, ein Emigrant*, sie um ein Gespräch. *Wir gehen zusammen durch den rotgoldenen Park und setzen uns auf eine Bank, und Celan liest mir mit eintöniger, noch völlig ungeübter Stimme seine »Todesfuge« vor.*[72] Als Paul Celan 1960, fünf Jahre nach Marie Luise Kaschnitz, der Büchner-Preis verliehen wird, hält sie die Festrede. – Der »Gruppe 47« gehört sie nicht an, besucht aber des öfteren deren Tagungen. Sie pflegt freundschaftliche Kontakte zur jüngeren Generation, besonders engagiert, menschlich wie künstlerisch, zu Ingeborg Bachmann. Sie wohnt gelegentlich in deren römischer Wohnung und bespricht mit ihr deren Arbeiten bereits im Entstehungsstadium. Parallel und zeitgleich zu Celan und Bachmann, Eich und Aichinger, Enzensberger, Hilde Domin oder Krolow, vollzieht Marie Luise Kaschnitz in intensiver Auseinandersetzung mit Problemen der Dichtung um 1950 den radikalen Weg in die Moderne. Moderne, das heißt hier vor allem Beschränkung[73], heißt *bewußtes Beschneiden des Üppig-Blühenden und Wuchernden im Inhalt wie in der Form; heißt, daß hier das Besinnen und Erwägen, die Frage nach dem Ort des bedrohten Ichs in der Welt sparsamer und zarter, auch mit geringerer Wortzahl und Zeilenlänge vor sich geht und daß diesem Weglassen und Aussparen eine stärkere Intensität entspricht.*[74] Der moderne Dichter leiht den inneren Erlebnissen *Gestalt und Bewegung der äußeren Dinge ... Er hat die Außenwelt in sich hineingenom-*

men und springt dort in der kühnsten Weise mit ihr um.[75] In einer Zeit der Zerstückelung und Verrückung aller Dinge kommt schon lange niemand mehr *auf den Gedanken, daß in der Natur alles heil sei und daß die Natur alles heile... Das soziale Gewissen, die Teilnahme an dem, was um uns geschieht, ist auf den friedlichsten Waldgängen nicht mehr zum Schweigen zu bringen... Es ist auch die innere Unruhe zu groß, als daß der Anblick eines goldgelben Steinbruchs oder einer besonders geformten Wolke sie beschwichtigen könnte.* Dem modernen Gedicht läßt sich ablesen, daß *die menschliche Erfahrung an die Stelle der alten Naturschilderung, Naturempfindung getreten ist. Die Erfahrung des Menschen, nicht eines einzelnen, des Menschen Unruhe, Unliebe, Angst.*[76] 1951 schreibt die Fünfzigjährige eines der großen politischen Zeitgedichte: ›Hiroshima‹. In knappsten und doch mit großer Genauigkeit gesehenen Bildern wird die Durchschnittsexistenz des Mörders beschworen und in scharfer rhythmischer Zäsur den Visionen möglicher Sühne oder Reue kontrastiert. Das scheinbar kühle Understatement vergrößert noch das Gigantische des Verbrechens. Das dichterische Ich geht als Zeuge in das Gedicht ein und erweitert sich auf eine fast magische Weise zum *Auge der Welt*. Es entstehen nun einige Gedichte, die zu dem gehören, was von moderner Lyrik bleiben wird: ›Ostia antica‹ oder das berühmte, immer wieder interpretierte ›Genazzano‹.[77] Hier ergibt sich, wie so häufig bei dieser Dichterin, aus genauer Topographie, wirklichem Ort und einem oft persönlichen Erlebnis eine durch Worte und Bilder ausgelöste Vielfalt von Assoziationen, die zwischen Gedicht und Leser hin und her gehen. *Ich glaube,* sagt Marie Luise Kaschnitz 1962 in einem Interview über ihre neuere Lyrik, *daß ein Weg tatsächlich zu einer immer stärkeren Entpersönlichung führt und daß das Wort da immer mehr den Charakter eines Zeichens annimmt, so also, daß der Leser oder Hörer schließlich in einer etwas öden Landschaft voll von merkwürdigen und vieldeutigen Zeichen steht.*[78] Das Ich ist zugleich Betrachter und Betrachtetes, Subjekt und Objekt, persönlich und entpersönlicht. Wie in ›Hiroshima‹ bietet sich im Ich dieser Gedichte sowohl authentische Zeugenschaft wie die Entpersönlichung als *Auge der Welt.*[79] Wenn Marie Luise Kaschnitz' Gedichte im Vergleich mit anderen *eher verständlich waren, so hängt das damit zusammen, daß mein Weg in der Lyrik mich von der Natur zum Menschen geführt hat und daß ich nie ganz vergessen konnte, daß ich mich Menschen mitteilte, freilich solchen, die die Mühe des Ungewohnten und nur langsam zu Begreifenden nicht scheuen.*[80]

Vier Jahre nach dem Tod von Guido Kaschnitz erscheint 1962 der Lyrikband ›Dein Schweigen – meine Stimme‹. Diese Gedichte sind das Herzstück der persönlichen Trauerarbeit von Marie Luise Kaschnitz, sind auch die vielleicht ergreifendste »Witwenklage« der deutschen Literatur. Die gelegentlichen Unsicherheiten in den Besprechungen dieses Bandes (»zu emotional«) spiegeln nur die allgemeinen Schwierigkeiten im Umgang mit Tod und Trauer. Bei diesen Gedichten erscheint mir eine Diskussion über formal mehr oder weniger Gelungenes ganz unangebracht. Entscheidend ist, daß hier in einfachsten Worten beschworen wird, was ein trauernder Mensch als Gegenstand seiner brennenden Sehnsucht empfindet: die Gegenwart des Anderen, das alltägliche Miteinander, *das Zwiegespräch / ohne Anfang und Ende.*[81] Indem sich Marie Luise Kaschnitz der Auseinandersetzung mit ihren Gefühlen so intensiv gestellt und sie ins schriftliche Wort verwandelt hat, wachsen ihr neue Kräfte zu, erreicht ihr Werk eine neue Dimension. Es geht nicht mehr um persönlichen Glücksanspruch, sondern um neue Sinngebung, um verwandeltes Sein. Die Dichterin geht, wie es der Titel des 1965 veröffentlichten Lyrikbandes sagt, im wahrsten Sinne ›Ein Wort weiter‹. Ihr Blick hat sich noch geschärft, sich zunehmend dem Zeit- und Weltgeschehen zugewandt. *Ein Ohr soll ich haben für jeden Untergang / Und Augen für jede Gewalttat.* Ihr Urteil, auch das moralische, zeugt von einer neuen Unerbittlichkeit. Ihr Weg als Schriftstellerin steht zunehmend »unter dem Gesetz dieses letztlich, trotz aller Scheu, ihr selbst abgeforderten ›Äußersten‹ – in einer immer stärkeren Sensibilität für die Bedrohung der Welt, in zunehmender Rücksichtslosigkeit in deren Formulierung, im Abbau der weltanschaulichen Sicherungen und Normen, die ihr zunächst durch Herkunft, Bildung, Generationszugehörigkeit selbstverständlich waren«.[82] In ›Ein Wort weiter‹ findet sich eines der eindrucksvollsten politischen Gedichte unserer Zeit, ein kurzzeiliger Zyklus in aufgewühlten Rhythmen, entstanden nach dem Auschwitz-Prozeß: ›Zoon Politikon‹. Dieses Gedicht gehört für Edgar Lohner zum »künstlerisch Gelungensten und Eindringlichsten der deutschen Gegenwartslyrik«. Marie Luise Kaschnitz sei »wohl die erste nichtjüdische Dichterin, die in konzentrierten, künstlerisch wahrhaft ausgeformten und erschütternden Visionen die jüngere und jüngste Vergangenheit beschwört«. Hans Schwerte findet es erstaunlich, »wie wenig ein solches Gedicht bisher ›öffentlich‹ zur Kenntnis genommen worden ist. Es gehörte in jedes deutsche Lesebuch.«[83] Der letzte Lyrikband, ›Kein Zauberspruch‹ von 1972, bietet womöglich noch eine Steigerung jenes außerordentlich eindrucksvollen Nebeneinander von Einmischung und Einsamkeit, von leidenschaftlicher Teilnahme und Stille, von Beobachtungsgabe und ordnender Reflexion. Die hohe Einschätzung ihres dichterischen Werks Ende der sechziger Jahre spiegelt sich in der höchsten ihr zuteil gewordenen Ehrung, der Wahl in den Orden Pour le mérite im Sommer 1967.

Parallel zur Lyrik arbeitet Marie Luise Kaschnitz an Hörspielen und Erzählungen, zwei Gattungen, deren Figuren bei ihr *alle unter der Einwirkung rationalistisch nicht zu erklärender Mächte* stehen, *gegen die sie ankämpfen, oder denen sie sich beugen oder an denen sie zugrunde gehen*, gemäß ihrer Überzeugung, daß es kein Leben gebe, *das nicht vom Außergewöhnlichen gestreift wird und in dem nicht das Übersinnliche seine Rolle spielt.*[84] Für unsere Auswahl ist jedoch eine andere Art der Prosa dieser Autorin bedeutsam, die sie 1955 in ›Engelsbrücke‹ zum erstenmal entwickelt. Zugrunde liegen dieser neuen Form die Eintragungen aus – mit größeren Unterbrechungen – seit 1936 geführten Tagebüchern, sind aber mit diesen nicht zu verwechseln. Die Tagebücher enthalten ein kaum geordnetes Nebeneinander von Erlebtem, Gedachtem und Gesehenem, oft nur Stichworte, Satzfetzen, die je nach der Idee des im Entstehen begriffenen Buches ausgewählt und umgestaltet werden. Die Autorin dieser Prosa empfindet sich als *Seismograph*, dessen *Zeiger eine verborgene Bewegung erzittern läßt.*[85] So entsteht ein Kaleidoskop aus *Innen und Außen, aus Vergangenheit und Gegenwart, so daß man zugleich überall ist,*[86] in Frankfurt, in Vietnam, in der eigenen Kindheit. Marie Luise Kaschnitz' Fähigkeit zu Partizipation ebenso wie zu scharfsinniger Deutung kann sich in diesen Prosatexten besonders eindrucksvoll entfalten. Eine thematische Klammer hält jedes Buch zusammen: altes und neues Rom in ›Engelsbrücke‹, Suche nach der Kindheit in ›Haus der Kindheit‹ (1956), in ›Wohin denn ich‹ (1963) Trauer und langsame Rückkehr ins Leben; Umweltzerstörung und Leben im Frankfurter Westend in ›Tage, Tage, Jahre‹ (1968). 1972, also zu einer Zeit, als Paul Celan, Nelly Sachs, Günter Eich schon tot, Hans Magnus Enzensberger und andere zugunsten des politischen Engagements verstummt sind, erscheint ›Steht noch dahin‹, im Untertitel zurecht als ›Neue Prosa‹ bezeichnet. Kühnes, sprödes, ja krasses Eingreifen in Probleme der Gegenwart um und nach 1968; Mit-Sprache einer siebzigjährigen Zeitgenossin zu Bedrohungen der Welt und der Person; verkürzte, stark rhythmisierte Sätze, Notate und Parabeln des Unheils und des Widerstands, oft nur – an Kafka erinnernd – ein einziges Bild beim Wort genommen: ›Im Bockshorn‹.[87] Und schließlich 1973 ›Orte‹, wo die erinnernden Blicke der Autorin in magischer Verwandlung durch leichteste, durchlässige Sprache zu Blicken des Lesers werden, noch einmal ›Auge der Welt‹: *Was das Gedächtnis hergibt, sind nur Orte, doch treten diese mit so großer Deutlichkeit hervor, als sei jedes dort gesprochene Wort, jede dort erlebte Erfindung Stoff geworden, Stein, Blattgrün und Wasserschleier, als sei es nur nötig, das Außen zu beschwören, um alles andere wieder Gestalt werden zu lassen. Mehrere solcher Orte will ich beschreiben, dazwischen das Heute, wie es auftaucht und vergeht. Orte also und Zeiten und ich langsam in ihnen verschwindend. Worte gemacht, dann immer weniger Worte gemacht, dann nur noch ein einziges Gefühl und auch das nicht mehr ausgesprochen, die Liebe der Lebenden, der Toten, und von ihr getragen, von ihr umhüllt. Die Quintessenz aller Erfahrungen Liebe, empfangene und gegebene, wie ist das zu unterscheiden, empfangen und geben sind eins.*[88]

»Immer noch offen«

Marie Luise Kaschnitz wurde in den fünfzehn Jahren, die sie nach dem Tod ihres Mannes noch in Frankfurt lebte, immer wieder gefragt, warum sie diese häßliche Stadt nicht verlasse und in eine ihr gemäßere Umgebung ziehe, vielleicht *nach Italien oder an einen oberbayerischen See*. Wer ihren Weg wirklich mitverfolgt hatte, mußte wissen, daß sie gerade diese Stadt als ihr gemäß, *zeitgemäß*, empfinden mußte, daß gerade das Aufeinanderprallen der Extreme von Vergangenheit und Zukunft, von persönlichem Erleben und der Entwicklung der Stadt sie faszinieren mußte. Sie sah in Frankfurt immer noch *die Trümmerbraut, Haare aus Rauchfetzen, Atem aus Brandgeruch, Tod und Verwilderung, Einbruch der Urwälder, der Urtriebe*, jetzt allerdings *eine fette Madam, die mit Brillantringen an der Kasse sitzt und die Kasse klingeln läßt, die aber einmal anders war, jung, zigeunerisch wild und Träume hatte... Es konnte noch alles aus ihr werden, aus uns werden... Ich kann es nicht vergessen, ich vergesse es nicht.*[89] Zweifellos hing sie auch an dieser Wohnung, in der ihr Mann überall gegenwärtig war, das Arbeitszimmer unberührt. Die Wohnung alles andere als luxuriös, die Wiesenau eine laute, enge Straße, die Gehwege vollgeparkt mit Autos; ab mittags ununterbrochener Lärm spielender Kinder von Hof und Treppenhaus, jahrelang noch überdröhnt vom Baulärm der in ihrer unmittelbaren Nähe aufschießenden Hochhäuser. Andere flohen, sie blieb. »Was sie dem Haus in der Wiesenau in den wenigen ruhigen Vormittagsstunden an konzentrierter Arbeit abringen konnte, war zum Erstaunen. Die Fähigkeit, Unwichtiges einfach liegen zu lassen und früh am Morgen, am nächstbesten, gerade freien Tisch die Arbeit zu beginnen, das wurde bewundert, und von jedem, der ihren Tageslauf kannte, auch strikt respektiert.«[90] Diese Fähigkeit, mitten im Trubel jede freie Minute und jeden Cafétisch konzentriert für ihre Arbeit zu nutzen, hatte sie seit ihren frühen Reisen mit ihrem Mann geübt und offenbar bis zum Ende beibehalten. Dabei ist das Schreiben oft genug alles andere als ein Vergnügen, der Prozeß der Hervorbringung gerade jener leichten, scheinbar so schwerelosen Kurzgedichte konzentrierteste geistige Anstrengung, daneben, nach hundert mißlungenen Versuchen, die Freude am Gelungenen. Das war schon, wie Freunde bezeugen, eine Art preußische Pflichterfüllung, die sie an den Schreibtisch trieb, aber auch die Tatsache, *daß ich nachgerade selbst den Wunsch habe, Farbe zu bekennen. Denn ich habe doch allerhand zu sagen, und zwar gerade vom Standpunkt einer siebzigjährigen Bürgerin. Zum Beispiel ...daß ich von Altersjahr zu Altersjahr den Terror und die Gewaltanwendung mehr verabscheue, also eine miserable Revolutionärin bin... Ein Parteibuch besitze ich nicht, ich wähle nicht für etwas, sondern gegen die Gruppierung, die sich im Augenblick als höchste Gefahr abzuzeichnen beginnt. Als Gefahr bezeichne ich heute den wachsenden Nationalismus und die von rechts und links drohende Einschränkung einer freiheitlichen Demokratie.*[91]

Nachmittags hat sie viel Besuch, Freunde von auswärts, Freunde der Tochter, häufiger noch Menschen, die mit ihrem Beruf als Schriftstellerin zu tun haben, Journalisten, Verleger, Schriftstellerkollegen, die über sie schreiben wollen oder auch ihren Rat suchen. Ihre Wirkung auf diese Besucher ist unterschiedlich. Auf Geno Hartlaub wirkt sie »manchmal wortkarg, in sich verschlossen, eher düster als heiter, immer jedoch weltläufig, höflich und ungezwungen im Gespräch, das sie wie einen Schutzwall aufbaut, um sich dahinter zu verbergen«. Auch auf Ingrid Bachér wirkt sie »zurückhaltend«.

»Nur ihre Augen waren auffallend immer und unvergeßlich. Sie saß sehr gerade und der Tisch war mit Manuskripten bedeckt, an denen sie arbeitete ... sogleich bereit, über das Geschriebene zu diskutieren. Zoon Politikon. Überraschend wieder ihre Offenheit und außerordentliche Herzlichkeit.« Und schließlich Karl Krolow, der sie schon lange kennt und hochschätzt. Er spricht von ihrer »diskreten Natürlichkeit«, »unauffälligen Bestimmtheit« und »eigentümlichen Sicherheit, Sicherheit der Erfahrung und des literarischen und menschlichen Urteilsvermögens«. Einen besonderen Eindruck hinterläßt bei ihm ihre »angenehme dunkle Stimme, die keine Kühle, sondern Entschiedenheit kennt«.[92]

Interview

Wenn er kommt, der Besucher,
Der Neugierige und dich fragt,
Dann bekenne ihm, daß du keine Briefmarken sammelst,
Keine farbigen Aufnahmen machst,
Keine Kakteen züchtest.
Daß du kein Haus hast,
Keinen Fernsehapparat,
Keine Zimmerlinde.
Daß du nicht weißt,
Warum du dich hinsetzt und schreibst,
Unwillig, weil es dir kein Vergnügen macht.
Daß du den Sinn deines Lebens immer noch nicht
Herausgefunden hast, obwohl du schon alt bist.
Daß du geliebt hast, aber unzureichend,
Daß du gekämpft hast, aber mit zaghaften Armen.
Daß du an vielen Orten zuhause warst,
Aber ein Heimatrecht hast an keinem.
Daß du dich nach dem Tode sehnst und ihn fürchtest.
Daß du kein Beispiel geben kannst als dieses:
Immer noch offen.

Bei so viel schonungsloser, ja zum Übertreiben aus Bescheidenheit neigender Selbstkritik verwundert es einen kaum, wenn Marie Luise Kaschnitz, trotz der von ihren Besuchern durchweg festgestellten Sicherheit, in späteren Jahren einem jüngeren Freund gegenüber eine zunehmende Alters-Schüchternheit bei sich feststellt.[93] Vielleicht hängt diese auch mit einer Hüftgelenk-Operation zusammen, der sie sich 1968 unterziehen mußte und deren Ursachen und Folgen sie als unumkehrbaren Alterungsvorgang schmerzlich registriert. Vorbei der leichte, schnelle Schritt »wie der einer Tänzerin«.[94] Mühseliges, energisches Wieder-Laufenlernen, als Ziel die kostbare Bewegungsfreiheit, auch Freiheit vom Taxi, der »Verschwendung«. *Während der Körper bald einen Stock brauchen wird, fühlt sich der Geist immer schwereloser, möchte nicht nur tanzen, sondern tanzt. So wachsen sie auseinander, der Körper und die Seele ... die dazu bestimmt sind, sich eines Tages zu trennen, die sich aber noch nicht trennen wollen, sie sind aneinander gewöhnt.*[95] Sie geht, trotz allem, wieder (oder noch) auf Lesereisen, liebt eben doch die Bestätigung durch ihr Publikum, besonders das junge, fragt sich: Warum eigentlich noch? und gibt sich die härtesten Antworten: *Aus Eitelkeit, aus Hunger nach Anerkennung, aus Lust am Beifall, an diesem seltsamen Geräusch, das viele ineinandergeschlagene Hände hervorrufen. Aus Angst vor dem Vergessenwerden, dem Tod bei Lebzeiten, dem traurigsten Tod.*[96] Sie hat Schwierigkeiten mit dem »Lebensabend«: *Es bekümmert mich, daß er mir nicht gelingen will. Schon um acht Uhr morgens fange ich damit an. Ich muß die Zeitung lesen und die Politiker im Fernsehen reden hören. Ich kann von dem leidenschaftlichen Wunsch, es möge etwas besser werden, es möge friedlicher und gerechter zugehen, nicht ablassen.*[97]

Bei Demonstrationen gegen die Zerstörung des Frankfurter Westends ziehen *die alten Damen* mit, *auf dem Trottoir, neben den roten Fahnen her, und richten feindselige Blicke auf die Polizeiautos, die Wasserwerfer... Es geht um ihr Westend, um die alten Häuser, die ihre Besitzer verwahrlosen lassen, um sie bald abreißen und durch vielstöckige Bürobauten er-*

setzen zu können.[98] 1970 erklärt sie sich öffentlich für die SPD Willy Brandts, was zu verschreckten Ermahnungen von seiten des konservativen Teils der Familie und einigen Repräsentanten der Frankfurter Gesellschaft führt. *Der Umgang mit meinen Altersgenossen wird mir gelegentlich schwer. Ich empfinde sie oft als verhärtet, rechthaberisch und reaktionär. Sie ihrerseits sehen in mir eine Abtrünnige, der sie unedle Motive, wie etwa ein krampfhaftes Sich-an-die-Jugend-klammern, unterschieben möchten. Mein Widerspruch hat aber seinen Ursprung nur in einem alten Gefühl für Gerechtigkeit, das sie auch für sich selbst in Anspruch nehmen. So verteidigen sie die Arbeitgeber, ich die Arbeitnehmer. Sie die Professoren, ich die Studenten.*[99]

Nahe Freunde berichten von ihrer nach außen hin fast forciert wirkenden Ruhe und Gelassenheit, ihrer gedämpften Freude, einer Art »höherer Beschattung«, die immer um sie gewesen sei.[100] Alle betonen ihr Von-sich-selber-Absehen im Gespräch, ihre außerordentliche Aufmerksamkeit beim Zuhören.

So war sie von konzentrischen Kreisen umgeben, von alten und jungen Freunden aus Literatur, Kunst oder Politik, Theater. Die einen wußten nichts von den anderen, waren, jeder auf seine Weise, Vermittler der *Faszination des Lebens*, seien es Theaterklatsch, Kritische Theorie oder die Fußballweltmeisterschaften. Zusammen kamen sie dann alle erst an ihrem Grab, wobei die einen »fast mit ein wenig Neid«[101] beobachteten, wie sehr sie auch von den anderen, den Studenten und Musikern, den jungen Lektoren und Theaterleuten geliebt worden war. Den, nach der Familie, engsten Kreis bildeten die alten Freunde von der Universität, unter ihnen Grete und »Teddy« Adorno. Zu diesen geht sie, diese lädt sie am Abend ein, kocht italienisch. Es geht lebhaft her, man liest auch etwas vor aus den neuesten Publikationen, und ihre Neugierde, ihr Wissensdurst sind wach wie eh und je. Und doch: *Weil ich viele Freunde habe, halten mich die Menschen für eine gesellige Natur, in Wirklichkeit bin ich eine Eremitin, ich bin gern in Gesellschaft und verlasse am Ende jede Gesell-*

schaft gern... Ich bin gern im dunklen Zimmer, das bißchen Licht von der Straßenbeleuchtung genügt mir und die Zigarette, das Fünkchen Leben.[102]

Ende September 1974 fährt sie mit ihrem Bruder nach Porto Ercole nördlich von Rom. Sie arbeitet viel, ein Vortrag, ›Rettung durch Phantasie‹, muß fertig werden, den sie am 12. Oktober zum 75jährigen Bestehen des Insel-Verlags auf der Buchmesse halten soll. Das Wetter ist schlecht, es ist kühl. Ihrer Tochter hatte sie versprechen müssen, nicht im Meer zu schwimmen. Aber die Pension hat einen Swimming-Pool, und dort schwimmt sie dreimal am Tag. Sie bekommt eine Lungenentzündung, vielleicht eine Virusinfektion, man weiß es nicht genau. Die Tochter, Iris Schnebel-Kaschnitz, kommt aus München. Sie findet ein Krankenhaus, wo sie Tag und Nacht bei der Mutter im Zimmer sein kann. Marie Luise Kaschnitz stirbt am 10. Oktober.[103] Sie ist in Bollschweil begraben. Der letzte Absatz ihres Vortrags lautet: *Denn in der Natur des Menschen ist... die Rettung durch die Phantasie vorgesehen. Es gehört zu seinem unveränderbaren Vermögen, Mythen und Religionen zu bilden oder diesen letzten kleinen Freiheitsraum, das Gedicht... Er kann... neue Formen bilden und Überraschendes zutage treten lassen. Es wird dann immer sein, wie wenn Wolken aufreißen, ein freierer Atem wird ihm gegönnt werden und ein weiterer Blick.*[104]

Prosa und Gedichte

Am Strande

Heute sah ich wieder dich am Strand
Schaum der Wellen dir zu Füßen trieb
Mit dem Finger grubst du in den Sand
Zeichen ein, von denen keines blieb.

Ganz versunken warst du in dein Spiel
Mit der ewigen Vergänglichkeit
Welle kam und Stern und Kreis zerfiel
Welle ging und du warst neu bereit.

Lachend hast du dich zu mir gewandt
Ahntest nicht den Schmerz, den ich erfuhr
Denn die schönste Welle zog zum Strand.
Und sie löschte deiner Füße Spur.

Die Ewigkeit

Sie sagen, daß wir uns im Tode nicht vermissen
Und nicht begehren. Daß wir, hingegeben
Der Ewigkeit, mit andern Sinnen leben
Und also nicht mehr voneinander wissen.

Und Lust und Angst und Sehnsucht nicht verstehen,
Die zwischen uns ein Leben lang gebrannt,
Und so wie Fremde uns vorübergehen,
Gleichgültig Aug dem Auge, Hand der Hand.

Wie rührt mich schon das kleine Licht der Sphären,
Das wir ermessen können, eisig an
Und treibt mich dir ans Herz in wilder Klage.

O halt uns Welt im süßen Licht der Tage,
Und laß solang ein Leben währen kann
Die Liebe währen.

»Der Höllensturz«

Im Herbst 1956 brach während eines Studienaufenthaltes in Wien Guido Kaschnitz' tödliche Krankheit aus, ein Gehirntumor. Nur seine Frau wußte von Anfang an, daß keine Aussicht auf Heilung bestand. Diese Situation spiegelt sich im ersten Teil der hier abgedruckten Texte, besonders in den Zyklen ›Spitalshof‹ und ›Stadtrundfahrt‹. Im Rückblick schreibt Marie Luise Kaschnitz darüber in ›Tage, Tage, Jahre‹: *Schauplatz Wien, Allgemeines Krankenhaus, gegründet von Joseph II. oder sogar von Maria Theresia und nur wenig verändert seitdem. Ferner die Wege dorthin und die Rückwege in die traurige Leopoldstadt. Allerherrlichster Spätsommer, und ich hier und da im Volksgarten auf einer Bank sitzend, die Augen verklebt von Tränen, das Herz ein Klotz … Der ganze Wiener Gedichtzyklus ist außerordentlich persönlich, persönlichster Höllensturz, dazu die immer noch kaiserliche, immer noch dämonische Stadt.*[105] Dieser Seelenqual gibt Marie Luise Kaschnitz in den Gedichten des Zyklus die Gestalt der äußeren Dinge, die auf eine dem Zustand des Inneren entsprechende Weise verfremdet werden. Der Spitalshof gleicht mit seinen Mauern und Streifenkitteln einem Gefängnis, hinter dessen Tor, in unendliche Ferne gerückt, das Wunschglück des Lebens liegt. Die vom Elend des nahenden Verlusts Befallene singt in unheimlicher Litanei gegen das »eiserne« Verhängnis an wie ein Kind im Dunkeln; Rose und Nachtigall, die alten Zeichen der Dichtung für Liebe und Schönheit, verwandeln sich in Boten des Todes. *Wer sagt, daß er sterben muß? / Eh wir noch gehn / Stirbt uns die Erde / Stirbt uns das Wasser / Und längst ist die Schwalbe dahin* (›Erde‹). Worunter jeder ähnlich Betroffene so sehr leidet, nämlich dem Weltverlust infolge von Liebesverlust, das wird in ›Stadtrundfahrt‹ vor Augen gebracht. Was früher vertraut war, eine Stadt, deren Anziehungskraft sich durch gemeinsames Erleben noch erhöht hatte, wird zum dämonischen Spiegel des Absterbens aller Freude. Dieses »verlorene Ich«[106] empfindet sich ohne das Du als ein Niemand, der aus den tragenden Lebenselementen herausgefallen ist und ex nihilo erkennt: *Wie war ich daheim in der Welt!* (›Stadtrundfahrt‹).

In den kürzeren Prosatexten (aus ›Orte‹) spielt das Leiden an der zunehmenden Fremdheit zwischen Sterbendem und Überlebender eine große Rolle, auch der Wunsch, der kaum zu ertragenden Not wenigstens für kurze Zeit zu entfliehen. Immer wieder die Selbstvorwürfe, nicht genug getan, irgend etwas versäumt zu haben, bei sich selber die Schuld suchend für die Fremdheit des früher so vertrauten Blicks. Leiden an der schrecklichen Stummheit des Kranken, obwohl der Verstand sagt, daß es die Krankheit selber ist, die diese Veränderungen hervorruft, daß sie es ist, die *den Abgrund auftut, der nicht mehr zu überbrücken ist.*[107]

Der biographische Hintergrund für die Erzählung ›Quo vadis‹ ist der zweite Krankenhausaufenthalt von Guido Kaschnitz, sind die letzten Wochen vor seinem Tod am 1. September 1958 in Frankfurt am Main. Der Text wurde etwa 1960 geschrieben und erst im Nachlaß veröffentlicht.[108]

Der Titel spielt an auf die biblische Legende, wonach der aus dem Kerker entflohene Petrus den ihm erscheinenden Christus fragte: »Quo vadis domine?« Die biblische Anspielung bei der Darstellung der irrealen Begegnung mit dem Sterbenden ist eines der Mittel, wodurch die Autorin die Geschichte aus dem Autobiographischen heraushebt.

WIEN, Leopoldstadt und Tanzen, allein im Zimmer, nicht etwa aus Fröhlichkeit, sondern aus Verzweiflung, weil damals das Todesurteil über dich schon gesprochen war, und ich doch nicht daran glauben wollte und mir Mut zutanzte im abgeschlossenen Badezimmer, mit langen Tanzschritten, weichen Wendungen zu gesummter Melodie. An der altmodischen Badewanne, dem blindgemachten Fenster hin. Verrückt, ja, verrückt, und auch das war verrückt, das Singen auf der Straße zu eben derselben Zeit. Auf den Straßen der Leopoldstadt, auf der Brücke über den Donaukanal. Diese idiotischen selbsterfundenen Verschen, fällt ein Winterreif, geht ein Todeswind, halt die Ohren steif, Soldatenkind. Das alles auf dem Weg ins Krankenhaus, den ich zu Fuß zurücklege, gewiß, um nicht so schnell anzukommen. Tanzen und singen, so als könnte ich ihn damit am Leben erhalten (und er lebte ja danach tatsächlich noch zwei Jahre lang; wenn auch mit krauser Sprache, so doch mit dem alten, von Geist und Liebe erfüllten Blick).

Spitalshof

I

Sitzt der Aussatz auf der Bank im Garten
Hand in Hand mit einer jungen Schwindsucht
Auf dem Schoß ein Kästchen Nachtigall.
Flirren Lichter im Platanenlaube
Lehnt an Streifenkittel Streifenhaube
Schluchzt die Nachtigall
Mit Dir
Mit Dir.

II

Zwei Rohrstiefelmänner
Hinab ins Kanalloch
Kommen nicht wieder

Zwei Rosenkranznonnen
Treppauf zur Kapelle
Kommen nicht wieder

Zwei Totentonnen
Hofüber ins Schauhaus
Kommen nicht wieder

Zwei Raubvögel ziehend
Sich suchend sich fliehend
Wieder und wieder.

III

Draußen vorm Tor ich weiß
Brüllt der Riese Leben
Rollt seine Kegelkugel
Würgt seine Lämmer.

Hinter den Mauern warum
Hör ich's so anders warum
Klingt's mir wie Dreschflegelschlagen
Wie Reis hinterm Hochzeitswagen
Wie die Lerche die steigt –

IV

Mit dieser Art von Mut
Komm ich ganz gut abends spät
Singend zum achten Baum
Singend zum neunten Baum
Durch die halbe Allee.

Nur daß beim zehnten Baum
Die eiserne Jungfrau steht
Mit Armen mondbereift
Bückt sich
Greift –

V

Rad Rad im Kopf herum
Mühlrad das aufzieht
Eimerchen voll von Unglück

Wiedergekäut Tag und Nacht
Der Elendsbrei
Paternoster an Kammern
Des Schreckens vorbei

Schlecht gezielt
Hat der Heckenschütze
Der sonst so genaue

O läge *ich* da
Preßtest *Du* die Braue
An die weiße Gitterbettstatt

Rad Rad.

VI

Ich sah den Sterbenden, die Hand ums Trapez
geklammert
Wie er anhob zum Salto mortale
Und die Taube schön friedlich geduckt
Auf die steinerne Schulter der Zeit.

Es war ein Geräusch in der Luft
Eine ewige Unheilssirene
Und die Rosen im Volksgarten blühten
Wie Rosen der Ewigkeit.

DIE theresianischen Gebäude um den großen Kastanienhof, schon fallen die ersten Früchte, platzen auf, Braunrotes, Glänzendes rollt über den Kies. Das gelbe Häuschen in der Mitte des Hofes ist ein Caféhaus, einige Tische drinnen, einige draußen, und ich, die ich von Zeit zu Zeit aus dem Krankenzimmer meines Mannes fliehen muß, sitze draußen, rauche in gierigen Zügen, sehe mich um. Die Toten werden nicht auf Bahren in den Leichenkeller befördert, sondern in Tonnen, in denen sie halb aufrecht stehen und die von weißbeschürzten Männern geschoben werden. Wenn sie vorbeikommen, sehen Kranke und Besucher weg. Sie richten ihre Blicke auf die Spatzen, die zu ihren Füßen herumpicken, und werfen ihnen Semmelbrocken hin. Die Sirene der sogenannten Sanität ertönt jeden Augenblick, bald von dieser, bald von jener Seite, die Stadt stößt ihre Kranken aus. An den Tagen, an denen hier niemand stirbt, ertönt, so heißt es, am Abend eine bestimmte Glocke, ich habe sie in all den Wochen nicht ein einziges Mal gehört. Oh, die Septembersonne, Septemberluft, einen Braunen, noch einen Braunen, ich will nicht zurück in das schmale Parterrezimmer, in dem der Tod gleich zweimal sitzt, am Bett meines Mannes und an dem des Arztes, der den Blasenkrebs, Nierenkrebs hat, sich selbst Injektionen macht. Von Zeit zu Zeit kommen die Träger und bringen ihn in die Urologie. Während seiner Abwesenheit geht seine Frau in die Kapelle und betet, obwohl sie einmal Krankenschwester war und Bescheid weiß. Auch der kranke Arzt weiß Bescheid über seinen Zimmergenossen, über sich selbst.

Stadtrundfahrt

I

Vergessen kann ich nicht
Die goldenen Augen
Drei, die da schwebten
Den Bahndamm entlang
Übers Lupinenfeld
Über den Schafweidenhang
Immer mir zur Seite
Sanft bis zum Morgengrauen
Und erloschen im rauhen
Unerbittlichen Tag.

II

Eingekleidet in der Kammer.
Rock des Verlorenen
Hemd des Verlassenen
Schuhe des Heimatlosen.
Zu grüßen ist auf der Straße
Das Niemandsgesicht.
Haltung ist anzunehmen
Vor der Säule des Hochstrahlbrunnens
Und die Waffe zu präsentieren
Im Park vor der Sonnenuhr
Mit dem leise wandernden Schatten.

III

Ich Treibholz aus dem Lande Unbekannt
Geflößt von den schnellen
Lehmbraunen Hochwasserwellen
Mit meinen Astlochaugen blick ich auf
Zu den Bergen und Wäldern der Krone

Auf den Schanzen
Seh ich die wilden Herbstblätter tanzen
Mit meinen Zweigarmen halt ich fest
Die Compostellamuschel und das Mäusenest
So treib ich im gelben Regen
Ein algenzerfressener Spuk
Und weiter den Türken entgegen
Gib mir den Reisesegen
Heiliger Nepomuk.

IV

Mein Bruder ist nicht mehr mein Bruder.
Ich hab nur den einen
Der an der Mondleiter sitzt
Und wartet aufs Morgenrot
Und die klirrenden Schritte am Gang.
Und Schwester hab ich nur eine:
Die Sonne, die abwärts muß
Über den Alpenrand
Und reißt noch einmal
Das feurige Gewölk
Zum Kranz ums Haupt sich
Und muß hinab.

V

Mit welcher Inbrunst geht
Den Leidenden und hold
Das Unversehrte an.
Jetzt am Giebel der steinerne Flor
Jetzt die Eisenblüte im Tor
Jetzt mit gebreiteten Flügeln
Der rosige Pelikan
Bei den versunkenen Teichen.
Alles ohnegleichen
Wenn er rollt

Rollt durch die Stadt
Geflochten aufs Rad.

VI

In der Welt springen die seidenen Tänzer verneigen sich
In der Welt laden die Freunde den Freund zur Tafel.
Wie war ich daheim in der Welt.
Jetzt noch, wenn der Herold meinen Namen ruft
Springen die Türen auf.
Aber die seidenen Tänzer sehe ich nicht
Die Wände spiegeln mir mein Gesicht
Das wüstenblasse und das verwilderte Kleid.
Unter dem gläsernen Wasser
Flutet die Algenzeit.

VII

Wovon wir leben, nicht vom Brot allein.
Auch vom Fluchtsprung der Rehe
Am Abend im Wienerwald
Leicht übers Unterholz
Und schön gestreckt.
Was wird da aufgeweckt?
Welcher alte Stolz?
Oder wenn der Wind an den Wipfeln reißt
Aufblitzende Silberhaut
Wie Schwalbenflügel die Wolken streift
Wenn der alte Strom nach den Ufern greift
Und erwürgt den blühenden Wein
Mit dem tiefen gurgelnden Liebeslaut –
Woran wir sterben
Nicht am Tod allein.

VIII

Zu hassen wäre
Die Erde, die sich bäumte
Und Dich hinstürzen ließ.
Die Bäume, die Dich demütigten
Da sie unfest wurden
Die Glocken, die Dich zutod erschreckten.
Aber ich bin ein schlechter Hasser
Und sehr allein.
Schon buhle ich mit der Erde der Gärten
Mit dem Glockenspiel von Sankt Peter
Mit den Pappeln am Donauufer: Richtet ihn auf!
Wenn wir sie wiedersehen, die Stadt
Wird ein Gespräch sein wie zwischen Verschworenen
Unverständlich für Dich, für alle.
Du da Erde
Ihr da Glocken
Ihr da vor allem
Pappeln am Donaukanal.

IX

Eingestiegen wird kein Halten sein
Kein Aufatmen, wann es Dir paßt.
Mit der Stirne rennst Du die eisernen Türen ein
Karlskirche. Fischer von Erlach
Nach Deiner Schulter faßt
Das grüne Gerippe
Schatzkammer. Funkelnder Schrein
Am Söller der steinerne Gast
Setzt sich zu Dir in den Wagen
Burghof Lipizzaner Levade
Des Erhängten Glieder schlagen
Um Dein Gesicht
Barockmusik bei Kerzenlicht
Zu Deinen Füßen im fauligen Bett

Des Ertrunkenen Haupt
Schlägt die Augen auf
Gloriette

x

Lang ist die Zeit, da wir uns keinen Vers machen können
Da die geheimnisvolle Entsprechung mißlingt.
(Singt doch, sagen sie, singt.)
Doch erst, wenn die Netze zum Grunde des Meeres
gesunken
Kommen die Fische, spielen um unser Boot,
Erst wenn von unseren Tauben, den beringten
Keine mehr heimkehrt, kommt die große fremde
Graue, den Ölzweig im Schnabel.

NOCH einmal die Stadt Wien, das ewige Singen und Klingen, die Geselligkeitslust, die Melancholie. Die Stadt deiner Geburt und deines Todesurteils. Vom Augarten habe ich schon gesprochen, dem Blick von unseren Fenstern auf die frühherbstlichen Alleen, auf den häßlichen Flakturm, vom Laubrascheln unter den Füßen der Kinder. Auch von unseren Fluchten aus dem traurigen Stadtteil, mit der Elektrischen in die kaiserliche Innenstadt oder nach Schönbrunn. Aber noch nicht von dem Blick, den mir im Vorübergehen einer zuwarf, einer, der vielleicht Arzt war und die Unsicherheit deiner Bewegungen zu deuten verstand. Die Gestalt, das Gesicht dieses Mannes sind mir verlorengegangen, der Blick ist geblieben, das schiere Erbarmen, es ist mir in dieser Art nie mehr zuteil geworden. An diesem Tag machtest du beim Essen in Schönbrunn eine ungeschickte Bewegung, die Suppe floß dir über den Anzug, das hätte jedem passieren können, und doch wäre es anders gewesen, und du hättest anders, nicht mit diesem wütenden Entsetzen reagiert. Unsere Wege durch den Park, Spätsommer, Nachsommer, eine traurige, nein gar nicht, eine strahlende, leuchtende Jahreszeit, ich muß immer wieder davon erzählen, ich komme nicht los von dieser Zeit. Ich komme nicht los von der Stadt Wien, die ich seitdem immer wieder besucht habe, allerdings nicht die Castellezgasse, auch nicht das Gänsehäufelbad, das Bad, wo ich dich einmal auf einer Bank habe sitzen lassen und weggelaufen bin, ich, die liebevolle, geduldige Pflegerin, weil ich deinen Anblick nicht länger ertragen konnte. Fünf Minuten, zehn Minuten, nur allein sein, nur etwas zwischen uns bringen, eine Hecke, eine Lattenwand, du hast nicht gerufen, vielleicht hast du alles gewußt.

WEGE durch den Palmengarten mit meinem Mann, in den zwei Jahren zwischen Gehirnoperation und Tod. Gnadenfristwege und Frieden, nach der entsetzlichen Erregtheit vor dem Eingriff, Frieden und Euphorie. Wie oft habe ich später versucht, mir das vorzustellen, der blühende Hamamelisstrauch ein Wunder, die große Silberpappel ein Wunder, die hinter den Mauern lärmenden Wagen keine Anfechtung mehr. Die uns entgegenkommenden Spaziergänger merkten, daß etwas nicht in Ordnung war, und sahen uns mitleidig an. Seine Hand hing in meinem Arm, einmal war ich eine Geliebte, jetzt eine Pflegerin, aber ich bedauerte mich nicht. Keine Reise konnte ihm früher weit genug, keine Fremde fremd genug sein, und nun dieser lächerliche Palmengarten, der große Rundweg um die Gymnastikwiese, den Kinderspielplatz und die Staudenkulturen, der kleine Rundweg, die kleinen Pflanzenschauhäuser, das große Palmenhaus, dem Tod von der Schaufel gesprungen, nein, das war es nicht. Ich weiß, daß er in dieser Zeit nicht genügsam geworden ist aus Not. Er konnte sich nicht mehr gut ausdrücken, aber er nahm die Außenwelt als eine Reihe von bedeutenden Gegenständen wahr. Ein Jahrzehnt später noch gelang es mir manchmal, den kleinen Wasserlauf beim Kinderspielplatz, die alte Eibe oder auch nur eine einzige feuerrote Salvienblüte mit seinen Augen zu sehen. Nicht das Ding, sondern das Wesen, die eigentliche Wahrheit, die Idee.

Quo vadis

Wie, dachte die Frau, wenn ich seinem Rat folgte, wenn ich fortliefe, weit fort. Der Rat war ihr auf dem Korridor gegeben worden, meerblaues, glänzendes Linoleum, über das, gerade von einer jungen Hilfsschwester gesteuert, der ovale Bohnerklotz fuhr. Das Gerät summte tief und laut; wie bitte, hatte sie fragen müssen, und der Arzt, übrigens keiner aus dem Hause, keiner, der mit dem Fall ihres Mannes etwas zu tun hatte, hatte sich näher zu ihr gebeugt und seine Worte wiederholt. Ich würde das nicht tun, hatte er gesagt, ich würde nicht dableiben, erhalten Sie sich Ihre Erinnerung, Sie können ihm nicht helfen, und die Sterbenden sind weit weg. Sie hatte den Kopf geschüttelt, langsam und ohne ein Wort zu sagen, und der Arzt hatte ihr die Hand gegeben und war gegangen. Sie hatte ihn noch wegfahren sehen, vorsichtig, um alle die feuchten schwarzen Baumäste herum, die auf der Straße lagen, es war der Tag nach dem großen Sturm. Danach war sie den Korridor hinuntergelaufen, eilig, so als könne es ihr gar nicht schnell genug gehen, in das Zimmer zu kommen, in dem ihr Mann, seit Wochen nun schon bewußtlos, lag. Vor der Türe dieses Zimmers stand sie jedoch still und dachte, wenn ich seinem Rat folgte, und wandte sich schon ab und der Terrasse zu. Auf die Terrasse warfen junge Akazienbäume ihre lichten Schatten, es roch nach frisch geschnittenem Gras und nach Rosen, nach Sommerferien in einem Kurort, aber nichts von

Kurort, Station V, ein hübscher Pavillon, aber die Todesstation, wie jeder wußte, Kranke, die mit Kobalt beschossen wurden, und manchmal legte man ihnen das Strahlenzeug auch in einem Stäbchen unter die Zunge oder in einer Kapsel in den Bauch. Draußen ist alles hold und frisch, es ist ein Augustmorgen, aber es könnte auch ein Maimorgen sein, ein wenig Nebel noch vom Fluß her, über den Rasen wehend, auf der andern Terrasse der trapezförmigen Pavillons liegt schon die Sonne, da fahren die Schwestern die Betten heraus. An der andern Terrasse gilt es vorbeizukommen, ohne angesprochen zu werden, guten Morgen, wie geht es heute, danke, mein Mann stirbt und ich bin im Begriff wegzulaufen, ich kann das nicht sehen. Auf der andern Terrasse liegt der alte Puppenspieler, der schon lange keiner mehr ist, sondern eine Anstellung hat bei der Degussa, daß er einmal mit dem grünen Wagen umhergefahren ist, soll niemand wissen, aber mit der Frau spricht er manchmal darüber, immer ganz leise, beschreibt seine Puppen, den Chinesen, den Teufel, die Prinzessin, während er sein von Geschwüren bedecktes Bein in die Sonne hält und lächelt, später wird man ihm das Bein abnehmen, danach wird er sterben, aber das ist noch lange hin.

Der schmale Fußweg führt dicht an der Terrasse vorüber, die Frau nickt dem Puppenspieler zu, auch dem Bankdirektor, der schon am frühen Morgen mit seinem Diener Karten spielt, auch den Patientinnen, die angezogen auf Stühlen sitzen und handarbeiten, auch der Schwester, in deren häßlicher Brosche sich ein Geigerzähler verbirgt. Die Frau ist glücklich darüber, sie taucht unter die Gebüsche, die taufeuchten Blätter schlagen ihr ins Gesicht. Im Süden wird das Krankenhausgelände von einem Bahndamm umzogen, zwischen dem Pavillon und dem Bahndamm ist, wenigstens vorläufig noch, ein grünes Ödland, Flieder und Weißdornbüsche, Gras und Brennesseln, junge Eichen und Akazien, auf dem Trümmerboden rasch aufgeschossen, der Pfad windet sich da hindurch und läuft weiter, am Fuß des Bahndammes entlang.

Die Frau geht hier nicht zum erstenmal, sie kennt jeden Strauch, jede rostige Konservendose und den altmodischen ausgeweiteten Liegestuhl, das elegant geschwungene Metallskelett unter dem Haselgebüsch, von dem sie sich einbildet, daß dort, federleicht auf Luft gebettet, die Krankenhaustoten ihre erste Nacht verbringen. Der Bahndamm macht an dieser Stelle einen Bogen, durch die belaubten Zweige kann man sehen, wie sich die Züge in der Kurve zur Seite neigen, ein paarmal ist die Frau auch dort hinaufgeklettert und hat, dicht neben den sommerlich geöffneten Zugfenstern auftauchend, die Reisenden erschreckt. Heute, als sie wieder einen Zug über die Brücke donnern und rasch näher kommen hört, hebt sie nur flüchtig den Kopf, da oben fahren die Guten, die Glücklichen, winken mit seidenen Tüchern, wer nicht hier bleiben muß, ist glücklich, und wer glücklich ist, ist auch gut. Einen Ausgang gab es dort, wo das Gelände, mit Quecken und Buschwindröschen bewachsen, zwischen Fluß und Bahndamm eine scharfe Ecke bildet, nicht. Die Frau muß, was sie noch nie getan hat, unter einem Stacheldrahtzaun hindurchkriechen, rasch, besinnungslos läuft sie dann weiter, durch die moosige Kühle des Brückenbogens, dann in der Sonne die Uferstraße entlang. Sie will nirgendshin, nur von etwas fort, jetzt ist es zehn Uhr, aber es wird auch einmal Mittag, auch einmal Nachmittag, auch einmal Abend. Da wird sie sich wie ein Schatten ins Ufergebüsch werfen, niemand wird das bemerken, oder doch jemand: Fräulein, was machen Sie denn da? Ich weiß es nicht. Ich weiß nichts, ich habe mein Gedächtnis verloren, ich hatte es in einem Beutelchen immer bei mir, aber jetzt ist es weg. Smemorata nennt man das, in Italien gab es einmal einen solchen Fall. Wer das Gedächtnis verloren hat, kommt auf die Polizei, dann in die psychiatrische Klinik, darüber vergeht viel Zeit, eine ganz bestimmte Zeit.

Die Frau läuft und läuft, wenn man sich von etwas entfernt, kann man es auslöschen, auch ein Gegenstand, von dem man sich entfernt, verschwindet, was nicht wahrgenommen wird, ist nicht mehr wahr. Einen verlorenen Faden kann man hier oder dort wieder aufnehmen und in eine andere Richtung lenken; wie wäre es zum Beispiel, wenn wir in einem gewissen

Augenblick etwas anderes gemacht hätten, einen Zug nicht bestiegen oder gerade bestiegen hätten, wäre dann alles anders gekommen? Oh ja.

Die Frau läuft noch immer flußabwärts, zuerst auf der Uferstraße, dann auf einem sandigen Weg. Auf der andern Seite des Flusses ist ein Wäldchen, auf ihrer Seite sind Bootshäuser, zwischen hüben und drüben ziehen Schleppkähne, kleine Hunde laufen kläffend auf der Ladung hin und her. Die Frau ist mit ihren Gedanken weit fort, wolltest du nicht einmal alles aufgeben, Beruf, Verantwortung, sichere Einkünfte, und am Meer wohnen, nicht in einem Hotel, nicht in einer Villa, an einer unwirtlichen Küste, in einem verfallenen Gebäude, einem Turm? Den Turm hätte man mieten können, nein, mieten nicht, zu Lehen nehmen für neunundneunzig Jahre, mit der einzigen Auflage, den wilden, von Aloe und Agaven bedeckten Hang in einen Weingarten zu verwandeln. Bitte, Herr Bürgermeister, geben Sie uns den Turm. Bitte, Herr Bürgermeister, Sie wissen nicht, was uns das bedeutet, neunundneunzig Jahre lang werden wir leben, ein Boot werden wir haben und nachts zum Fischen fahren, auf der Plattform werden wir sitzen am Abend, da haben sie einmal Feuerzeichen gegeben, von Vorgebirge zu Vorgebirge, aber wir versprechen Ihnen, wir geben keine Feuerzeichen, wir kochen unsere Minestra, geben Sie uns den Turm. Herrschaften, sagt der Bürgermeister, liebe Herrschaften, ich täte es gerne, es ist nur so, daß der Parteisekretär dort seine Badehose trocknet, im Sommer geht er baden, es ist da eine kleine Bucht, Sie könnten sie absperren, der Parteisekretär will das nicht haben, es ist ein mächtiger Mann. Ach bitte, sagt die Frau ganz leise, lassen Sie uns dort wohnen, nur neunundneunzig Jahre lang. Sie wissen nicht, was davon abhängt, aber der Bürgermeister schüttelt den Kopf. Wegen einer Badehose, denkt die Frau empört und malt sich aus, wie sie dort gelebt hätten im Geruch des Salzwassers und der Zitrusblüten und die Nächte auf der Terrasse und wie die Windlichter geflackert hätten im Sturm.

Hoppla, sagt ein Mann, den die Frau beinahe umgerannt

hätte, wohin denn so eilig? und bleibt neugierig stehen. Aber die Frau geht schon wieder langsam und gesittet, sie darf nicht auffallen, sonst bringt man sie zurück. Kreuzwege, Knotenpunkte, der Besuch bei dem Bürgermeister war so ein Knotenpunkt, wir haben die falsche Richtung eingeschlagen, wir sind durch lauter schöne Landschaften gefahren, aber dann in die Hölle, wie mit der Grottenbahn, ach die hübschen Märchengestalten, die lustigen, mannshohen Marienkäfer, aber am Ende klappern die Gerippe, wischt einem die Totenhand übers Gesicht.

Die Frau ist jetzt ein paar Kilometer weit gerannt, sie kann nicht mehr. Sie setzt sich auf dem Abhang und schaut flußaufwärts, von der Straße ist nichts mehr zu sehen, es gibt sie nicht mehr. Oder doch, es gibt sie noch, aber es gibt das Krankenhaus nicht mehr, kein Zimmer mit einem Sterbenden, ach der böse, lange Traum. Die Frau wendet den Kopf und sieht nach Westen, da fließt das trübe Stadtwasser schon reiner, zwischen Erlen und Weiden, und Segelboote kreuzen vor dem Wind. In der Ferne aber doch nicht allzuweit ist noch eine Brücke, Schwanheim heißt der Ort, ein Park ist dort (ach nein, nicht dort) mit riesigen alten Bäumen und einem Weiher, wie du den liebtest und das Aufbrausen der Schwäne im feuchten Morgenschatten und am Ende des Gartens den Blick über die Nebelwiesen, wären wir dort geblieben, könnten wir dort wieder anfangen, dann gäbe es kein Verhängnis, dann gäbe es keinen Tod.

Die Frau geht wieder weiter, langsamer, erinnert sich und vergißt wieder, erinnert sich und vergißt. Es kommt ihr vor, als sei sie schon tagelang unterwegs, dabei ist es erst mittags, genaugenommen erst halb zwölf. Kein Dunst mehr, ein strahlender Spätsommertag, gelbe Herbststauden in den kleinen Gärten, Efeu und Rosen, ein Zitronenfalter und Bienen, die zornig summen. Die Frau ist jetzt schon fast bei der letzten [Brücke], sie ist nicht traurig, nicht fröhlich, blinzelt in die Sonne und macht ein listiges Gesicht. Wenn ich ihn nicht sterben sehe, denkt sie, bleibt er am Leben, wie die Kriegstoten am Leben bleiben, alles, Haut und Haar, man braucht sie nur zu rufen, da sind sie wieder, das Gesicht hinter dem Eisenbahnfenster, die Hände, die ungeduldig am Griff zerren, der Abschiedsblick, ungebrochen, die Knochen voll Mark, die Adern voll Blut. Wenn ich ihn nicht sterben sehe, kann es sein, daß er mich zu Hause erwartet, fort über die Schleuse und einen Bogen geschlagen und hinter den Industrieanlagen kommt man in die Stadt zurück. Eine Pappelallee ist da, die Messehallen, noch ein paar Straßen, und schon wird sie die Treppen zu ihrer Wohnung hinauflaufen, außer Atem, mit rotem Gesicht. In der Wohnung wird ihr Mann sein, nicht bewußtlos, ach wieso denn bewußtlos, auf seinen Füßen steht er und macht ihr die Türe auf. Was ist denn geschehen, warum weinst du? Ach, ich weine ja nicht, ich bin am Fluß spazierengegangen, ich bin in der Sonne gesessen, ich habe geschlafen, ich habe geträumt.

Vor der Schleusenbrücke setzt sich die Frau wirklich noch einmal in die Sonne, preßt, wie als Kind, die Finger auf die Augenlider und sieht den roten See. Dann schaut sie aufs Wasser, auf dem ein paar Gegenstände treiben, ein Brett, eine Weidenrute, ein blauer Stoffetzen, alles unaufhaltsam fortgerissen, ja unaufhaltsam, das hätte ihr zu denken geben müssen, aber zu denken gelingt ihr nicht. Sie befindet sich in einem Zustand zwischen Wachen und Schlafen, und für Augenblicke schläft sie sogar wirklich ein. Im Traum geht sie weiter, aber nicht über die Schleusenbrücke, es ist gar keine Brücke mehr vorhanden, sondern hinter niederen lehmgelben Mauern Olivengärten, silberne Ähren, grellroter Mohn. Auf der sonnenheißen Straße kommt ihr ein Mann entgegen, groß, hager, abgezehrt mit traurigen Augen, sie geht schon an ihm vorüber, auf der Straße vor ihr erscheint jetzt eine Schafherde mit kleinen Lämmern, über der Herde schwingt sich blau und lieblich das bewaldete Gebirg. Sie dreht sich nach dem Fremden aber noch einmal um und fragt: Wohin gehst du? in einer Sprache, deren sie gar nicht mächtig ist, sie weiß aber, daß es die alten Worte sind, die man an jeden Menschen richten könnte, und weiß auch die Antwort, die auf alle Fälle sterben heißt. Der Mann, der Kranke, ist schon verschwunden, unbegreiflicherweise, sie muß ihm nachlaufen, so schnell sie kann. Schon springt sie auf, stolpert halb blind den Grashang hinunter, da ist keine Gräberstraße mehr, da treibt zu ihren Füßen das Brackwasser, eine gelbe Schaumkrone, ans Land. Die Frau greift in das schmutzige Wasser und kühlt sich die Stirn, sie weiß jetzt, wer an ihr vorbeigegangen ist und wohin er gegangen ist, dem Tod entgegen, und eine Kreuzigung ist jeder Tod. Ich hole dich noch ein, murmelt sie und fängt wieder an zu laufen, aber nun in entgegengesetzter Richtung, nicht flußabwärts, auch nicht über die Schleuse, sondern auf dem Uferweg in die Stadt zurück.

Der Weg ist derselbe, auf dem sie gekommen ist, und auch nicht derselbe, viel länger ist er und viel beschwerlicher, auch nicht menschenleer wie am Morgen, sondern voll von Spaziergängern, sogar von Automobilen, die hier gar nicht fahren dürfen, sie kommen der Frau entgegen und versperren den schmalen Weg. Sie muß sich in die Hecke drücken und kann, wenn die Wagen vorbeigefahren sind, vor Staub nichts mehr sehen. Ihre Sohlen schmerzen, ein Riemen löst sich von ihrer weißen Sandale, der Schuh fliegt in die Brennesseln, und es dauert lange, bis sie ihn findet, danach hält er nicht mehr am Fuß. Einschuhig läuft sie weiter, dann barfuß, drängt sich durch eine Schulklasse, die stehenbleibt und johlt und lacht. Der Mann hat jetzt schon einen großen Vorsprung, er könnte auf sie warten, aber warum soll er auf sie warten, sie hat ihn verlassen, sie ist geflohen.

Obwohl die Frau so außer Atem ist, daß sie keucht und ihre Hände aufs Herz preßt, bemerkt sie doch auf diesem Rückweg vieles, was ihr am Morgen nicht aufgefallen ist, gelbe und blaue Zelte auf der schmalen Insel und einen Bootshafen mit kleinen Schiffen, rote Bälle, die in die Luft steigen, und Springseile, von hüpfenden Kindern geschwungen. Es muß wohl Feiertag sein, in diesem Sommer gewiß der letzte für Badeanzüge und Bootsfahrten, die ganze Stadt lagert am Ufer des Flusses, die ganze Stadt jubelt und schreit. Dein letzter Tag, schreit die Stadt, und streckt ihre Arme aus, aber die Frau, die es so eilig gehabt hat, aus dem Krankenhaus wegzukommen, hat es jetzt noch eiliger, dorthin zurückzukehren, die Sonne sinkt schon, im Dunst über dem Wasser schweben die Augen ihres Liebsten vor ihr her. Ob er auch so gelaufen ist, denkt sie, der kleine feige Apostel, auf das römische Stadttor zu? Hier ist kein Stadttor, aber auch etwas Schattiges, Kühles, die Eisenbahnunterführung, da begegnen sich zwei Züge und trommeln über ihrem Kopf. Zu spät, denkt sie, ich komme zu spät, und kriecht durch den rostigen Stacheldrahtzaun, die Dornen kratzen ihr über die Stirne, ein Büschel Haare muß sie lassen, das weht dort noch lange im Wind. Zu spät. Man hat ihn schon weggebracht, weggeführt in der Totentrommel, sein Zimmer ist aufgeräumt oder schon wieder belegt, die Schwestern kennen sie nicht mehr. Jetzt der Akazienweg am Bahndamm, jetzt das verschnörkelte Liegestuhlskelett unter dem Haselgebüsch, jetzt die junge Kastanie, die wird im Frühling zum ersten Mal blühen. Zum ersten Mal, zum letzten Mal, die Frau denkt noch einmal an die alten Zeiten, Battipaglia, fünfzehn Minuten Aufenthalt und blühender Oleander, Chaironeia, da summten die Fiebermücken über die Baumwollfelder, da hütete der steinerne Löwe das Schlachtfeld von Anno dazumal, griechische Krieger, es kommt keiner zurück. Es gibt keine Flucht, es gibt kein Ausweichen, kein Hätten-wir-doch und Wären-wir-doch, nur dieses eine unabwendbare Schicksal, nur diesen Körper, der aufhört zu leben oder schon aufgehört hat, gnädige Frau, es ist alles vorüber, wir haben ihn fortgebracht, seien Sie froh.

Die Frau taucht unter die Büsche, es ist da kein Weg, nur der schmale Pfad, der bei der andern Terrasse herauskommt, bei dem Puppenspieler und dem Bankdirektor und den handarbeitenden Frauen. Die Frau bricht scheu wie ein Stück Rotwild durch die Büsche, wendet den Kopf weg und läuft über den Kiesweg auf die Akazien zu. Alle Zimmer liegen hier zur ebenen Erde, in ihres Mannes Zimmer steht das Fenster offen, da kann sie sich mit halbem Leib über die Brüstung werfen und zum Bett hinstarren, ach sähen ihr die Augen entgegen, die Augen, die über dem Wasser schwebten, die Augen des fremden Wanderers, aber nichts dergleichen, so nicht, der

Kopf liegt auf der Seite, die Augen sind zu. Einen kleinen Spaziergang gemacht? fragt die Schwester, die eben den Puls gefühlt und die Kissen gerichtet hat. Die Frau geht über den Vorplatz ins Zimmer, setzt sich und legt ihre Hände auf die Brust des Kranken, die sich noch senkt und hebt und die das auch noch lange tun wird, beinahe zwei Wochen lang, dann nicht mehr, und eine Kreuzigung ist auch der sanfteste Tod.

Weißnoch

Weißnoch, weißnoch,
Den Vogel Unheil,
Seh ihn noch hocken,
Seh ihn noch hüpfen
Im Käfig über dem Bett uns.
Seine Federn wuchsen,
Seine Flügel wurden kräftig.
Auch wie ich ihn auf den Schoß nahm.
Ihn hegte und wiegte,
Gleich einer Taube,
Hielt ich ihn auf dem Schoß.
Wie ich ihn fütterte,
Mit Süßholz zuerst,
Dann mit Herzblut,
Daß er nicht aufflöge,
Geierkahl krächzend,
Weißnoch, weißnoch,
Wie er sich losriß,
Geierkahl krächzend
Die Sonne verschlang.

Verlust und Suche

Die folgenden Texte, in der Mehrzahl aus ›Dein Schweigen – meine Stimme‹ und ›Wohin denn ich‹, sind zunächst ganz von dem Gefühl bestimmt, das die erste Phase der Trauer beherrscht: der Sehnsucht nach dem Verlorenen, dessen Totsein kaum begriffen, noch weniger akzeptiert werden kann. Es gilt, ihn *am Leben zu erhalten*, schreibend das alte Zwiegespräch fortzusetzen, ihm die Welt durch die eigenen Augen zu beschreiben, *um dich zu halten, aufzuhalten, zurückzuhalten bis es soweit ist, daß ich dir folgen kann.* (›Es fällt mir auf...‹). So wird in den großen Zyklen ›Requiem‹ und ›Schnee‹ der Alltag beschworen, das Hin und Her der täglichen Gespräche, der einfachen Worte, nicht verklärt, sondern auch als *schweres Spiel / Geduldspiel* (›Schnee‹, XII), aber eine Zeit, *Da wir auf der Erde zuhause sind / Da unsere Füße in die Schuhe passen / Da ein Maß ist geeicht von der Liebe*... Zugleich will das Ich dieser Gedichte kraft seiner Stimme den Toten dem schnellen Vergessen entreißen. *Was ich bewahren wollte, war nur das Eins- und Doppeltsein, ich wollte... als einer von zweien gesehen werden und mit meiner Stimme die andere, deine Stimme, noch immer vernehmlich machen.* (›Was ich bei meiner Reise...‹). Die Toten sterben erst wirklich, wenn diejenigen, die sie gekannt und geliebt haben, nicht mehr am Leben sind.[109] Während dieser Phase befindet sich die Überlebende in einem Zustand des Amputiert- oder des Verkrüppeltseins, von dem Betroffene so häufig berichten. Alle Sinne sind *eingezogen, wie etwas, wofür man keine Verwendung mehr hat* (›Es ist mir wichtig...‹).[110] Der nicht mehr gebrauchte *Liebesmund* wird an die *Quelle* zurückgetragen (›Schenke der Quelle‹). Ohne Antwort, ohne Zärtlichkeit, gerät die Trauernde in einen Zustand der Leere und Kälte, dem sie durch Wunschträume nach einer Wiedervereinigung mit dem Toten, einer intensiven Suche nach ihm zu entfliehen versucht. Dabei weiß dieses Ich doch, *daß ich dich unter Umständen nicht mehr einholen, nie mehr einholen kann.* Die Suche äußert sich in Traumbildern, in denen Schuld- und Versäumnisgefühle die Überlebende quälen, z. B. der oft wiederkehrende Traum vom zerstörten Haus, das immer von Neuem aufgebaut werden muß. Der ganze Kosmos wird auf dieser Suche durchstreift, der Tote erscheint in verschiedenen Gestalten, als Vogel, als Riese, als Fisch.

Das Bild des Fisches erweist sich als besonders suggestiv. Es wird in verschiedenen Zusammenhängen verwendet, als Fisch im Netz im Gedicht ›Köder‹, mythisch überhöht als *weißer Wal* in ›Das andere‹; auch als *gefrorene Fische*, mit denen die eigene Seelenlandschaft abgesteckt wird (›Mein Land‹). In jedem Fall verweist die Stummheit der Fische eindringlich auf das Schweigen der Toten oder, wie in ›Mein Land‹, auf den eigenen Zustand des Nicht-Sprechen-Könnens, der auch im Bild der zugepreßten Kehle in ›Ad infinitum‹ und ›Gute Nacht‹ zum Ausdruck kommt. Entsprechend sieht das stumpfe Auge keine Farben, fast nur noch die Unfarben schwarz und weiß. So ist in ›Früchte des Winters‹ die Rede von *schwarzem Gebüsch* und *diamantenem Schnee*, in dem Zyklus ›Schnee‹ von *schwarz verschlammt, schneefleckig, Moderblatt, Schneebett, weißgekleidete Trauer*. Es ist ein langwieriger *Zickzackweg (ins Leben hinein und aus dem Leben hinaus)* – (›Rauschendes Weihnachtspapier‹), auf dem sich nach und nach der Übergang vom Wir zum Ich vollzieht. In Gedichten wie ›Gute Nacht‹ und ›Ich und Ich‹ wird deutlich gemacht, daß das Hineinnehmen des Toten in den Lebenden, die Übernahme der täglichen Doppelgesten in eine, kaum Trost bedeutet, vielmehr durch die Nähe des Aneinandergebundenseins die Entbehrung noch größer wird. Erst wenn Gefühl und Erkenntnis des Trauernden die Tatsache der Unwiederbringlichkeit des Früheren zu akzeptieren gelernt haben, ist eine neue Stufe erreicht. Nun erst füllt sich *Niemand* wieder mit Leben, die Sinne öffnen sich nach außen, zuerst die Augen. Sie nehmen nun Welt auf, neue Welt, so daß die Schiffsreise in ›Wohin denn ich‹ mit dem Überqueren des Äquators zwischen Europa und Südamerika in all ihrer Wirklichkeitsnähe auch die symbolische Wende meint. Erst die aufgegebene Seele *treibt dahin und singt*, ›Schreibend‹, wenn auch *anders, / Mit kleinerem Atem* (›Anders‹). Dieser neue Zustand des Ichs, das wieder schreiben kann, also *singen* und *tanzen*, äußert sich zunehmend in vertikalen Bildern, entsprechend jenem Zwischenzustand, in dem das Ich sich mehr in einem Haus aus Luft (›Juni‹) zuhause fühlt als in einem irdischen. *Freizügig sind die Verlassenen / Windsbräute Windraub* zwischen *Brennesselland* und den *wankenden Sternen* (›Windvolk‹) oder: *Unten wie oben / Ist Anfang und Ende / Oben wie unten / Schlag ich mich frei* (›Ohne Ort und Ziel‹).

Requiem

I

Mit dem Tod muß ich umgehn
Dem schwarzen Hengst,
Der sprengt mit der Schulter
Die sicheren Wände,
Der zerstampft mit dem Huf
Die geglätteten Dielen.
Sein Drahthaar zerriß meinen Vorhang,
Sein Eisatem blies mir die Scheiben blind,
Meine Gebete durchschoß er mit Verwünschung,
Aus meiner Sanftmut schlug er roten Zorn.
Nachts drehte er sich kreischend auf dem Dache,
Ließ durch die Sparren mich dein Zimmer sehen,
Deinen Tisch nicht darinnen
Deine Bettstatt verschwunden
Um Deine Bücher Spinnenkränze
Auf dem Teppich Schnee.

Da er dich entrückte flußüber,
Was wußte die Brücke,
Was wußte der Strom?
Und da er dich bettete drüben im Sommergarten
Was wußten die Pappeln, der Mond?
Die Wände strahlten Kobalt,
Auf den feuchten
Kieswegen gingen tapfere Sterbende
Und winkten Abstand. Junge Hasen jagten
Vom Rosenbeet zum goldgefleckten Rasen.
Was wußten die Rosen,
Was wußtest du?
Fliehen wir doch, bat ich,
Zurück in die Arme der Linden.
Fliehen wir doch, bat ich,

Zurück an die Efeuwand.
Die Bienentrommel dröhnt,
Die Äpfel springen
Der Brunnen Lebenswasser
Sprüht und tönt
Ist alles bereit
Für Gutmann und Gutweib.

Und ich zerrte an deinen Fingern,
Und ich rüttelte deine Schulter,
Aber du rührtest dich nicht.
Du schliefst. Du schliefst,
Ein Mann allein im Boot –
Dein Fischerlicht
Auf grünem Nachtwasser entfernte sich lautlos.
Einer stand hinter mir,
Preßte mir seine
Unmenschliche Hand auf die Lippen,
Stampfte den Felsgrund
Und die erschütterte Erde,
Murmelte: Schweig.
Laß ihn ziehen.

Und während du schliefst,
Bauten sie drüben das Haus,
Ihre Flüche riefen sie,
Ihre Späße herunter vom Dachfirst.
Der Preßluftbohrer stieß mein Eingeweide,
Die Kiesel sprangen in der Schüttelreibe,
Du hörtest nichts. Es stieg ein Haus aus Luft
Und Lächeln dir vom Munde mir zur Bleibe.

Die Züge auf dem Bahndamm
Führten ihre Waldschneisen mit,
Ihre unbegangenen Wege.
Den Salzhauch ihrer Meere warfen sie
Dir durchs Gebüsch.

Ihre Städte Genua und Amsterdam
Beugten sich aus den Fenstern
Mit funkelnden Mauerkronen,
Und ich winkte und schrie
Hinauf zu den rollenden Wagen
Wartet nicht,
Wir haben Wurzeln in den Tod geschlagen,
Wartet nicht.

Kein Nesselhemd bekamst du übergestreift,
Kein Becher ward dir randvoll von den Lippen
gezogen,
Du mußtest nicht hungern, nicht auf Dornen liegen.
Nur sterben.

Ein roter Korallenbaum
Erklärten sie mir
Durchwüchse dein Haupt,
Ersticke deine Gedanken.
Indes die Wolken zogen königlich
Dir übers Bett.
Die ersten goldenen Pfennigblätter sanken
Liebkosend auf des Schläfers Angesicht.
Und hinter dem furchtbaren Ernst
Deiner sich trübenden Augen
Sah ich noch immer die Liebe,
Das Bräutigamslicht.

Bis überm Bahndamm die gefleckten Hunde
Aufheulten wie ein Wurf verdammter Seelen
Zurückgetrieben in die Unterwelt
Bis in dein Sterbezimmer Sommergarten
Mit überblühten Rosen auf den Tischen
Einfiel die Schiffssirene Nebelhorn
Vom nahen Fluß am gläsern klaren Abend
Und zog den Dunststreif ins Septembergras.

Mit Asche bedeckten sie da
Das Feuer deines Herzens,
Zusehen mußte ich, wie es erlosch
Funke um Funke.

II

Streck ich meine Hände aus im Schlaf,
Rühr ich ein Ding aus Bein, das Erde wird,
Heimlocke ich wie meine wilde Taube
Den Fetzen Wolke, den das Licht verzehrt,
Sag ich dir Dank verspätet ungeschickt
Hör ich das Rinnsal unterm Wurzelgrund
Wen will ich küssen
Einen Maskenmund –

Hinhocken noch und sammeln dir ins Grab
Zwei Kiefernnadeln, drei Tropfen Honig,
Zwei Handvoll Brandungsschaum,
Einen Kuß, von den Lippen genommen,
Eine Muschel voll Brackwasser,
Eine rotfigurige Scherbe,
Drei Worte Abschied Bahnhof Termini,
Eine Kornähre Samland, eine Weinbeere Kaiserstuhl,
Eine Mütze Fahrtwind. Wie kurz, wie kurz,
Wie kurz ist des Menschen Leben.

Und Trost ist nicht, da du mein Trost gewesen
Und Rat ist nicht, da du mein Rat gewesen
Und Schutz ist nicht, da du mein Schutz gewesen
Und Liebe nicht, da ich um deinetwillen
Die Welt geliebt.

Nur Klage um den Baum, der nicht mehr altert,
Der seine Blätter nicht mehr fallen läßt,
Und steht im Schwarzherbst
Und steht im Schneefeld

Und steht im Märzregen noch
Und seine Blätter sind Metall geworden
Und klirren geisterhaft im Frühlingswind.
Und Wunsch, vergeblicher, daß von dir wiche
Die Majestät der düsteren Vollendung.
Daß deine zugedrückten Lider sprängen
Und Hand von Hand gefaltete sich löste
Daß du mir innewohntest wieder, du
Ein Glücklicher.
Daß deine Stimme, die mich lang verließ,
Zurück mir kehrte.
Niemand hat dein Lachen
Auf eine schwarze Platte eingeritzt
Die ich mir spielen könnte mitternachts
Mit einer feinen Nadel Diamant.

Nur dein Schatten mein Schatten
Sitzen beisammen
Trinken Rezina
Bei den Sieben Brüdern
Am Fuße der Burg.
Nur dein Schatten mein Schatten
Fahren am Abend
Über das finstere
Tigergestreifte
Marmarameer.
Deine Augen meine Augen
Stehen offen für immer
Schauen und schauen
Gnade uns Gott.

III

Dies aber ist dein anderes Begräbnis
Schritte der Fischerknaben
Leichte auf Sohlen von Bast
Geleiten treppab dich
Deine Sonne zerspringt auf dem Wasser

Der Brautpuppen schönste
Aus dem Fenster von Capodimonte
Gibt dir die Hand
Die jungen Stare sind deine letzten Begleiter
Auf deinem Leibe tanzt das Volk von Rom.

Einst werd ich aufstehen
Wie alle Geschlagenen
Und das blanke Wasser
Rinnen lassen vom Hahn.
Mein Haar werd ich kämmen
Und die Fensterflügel aufstoßen.
Du springst mir auf die Hände mit dem Wasser
Du reißt mir das Haar mit den weißen Zähnen
  des Kammes
Du wirfst dich heißer Wind an meine Brust.

Dir zum Gedächtnis dann
Mein wiegendes Sommergras
Dir zum Dank
Meine blutende Rose
Dir zur Ehre
Mein fliegendes Abendrot
Dir zuliebe
Meine Tränen.

Denn es gab eine Zeit
Da ich dich nicht kannte
Es gibt eine Zeit,
Da du nicht mehr bei mir bist
Diese sind nicht zu verwechseln.
Ob ich gleich hingehe wieder
Ein Schüler mit wehendem Haar
Bei der Heimkehr am Abend
Von keinem begrüßt:
Die Speise Sakrament
Ist nicht verzehrt.

Nie mehr werde ich diesen Hunger leiden
Auch nicht wenn ich sterbe
Sein ohne dich.

Ich wünschte zu sagen
Daß dein Wesen Gerechtigkeit war
Deine Bewegung Anmut
Dein Auge Feuer.
Ich wünschte zu sagen
Daß du die sterbenden Landhäuser liebtest
Und die verblichenen Königsmäntel
Und wie große Achtung du hattest
Vor den Armen
Ich wünschte zu sagen
Daß du deine Gedanken verfolgtest mit Leidenschaft
Wie den Hirsch der Jäger. Auch
Daß sie dir viele Wunden beibrachten
Tödliche endlich.
Ich wünschte zu sagen
Daß du jedem die Würde zurückgabst
Die jedermann hatte
Und ihn hochhieltest in der Ehre
Die jedermann zukommt.
Aber schweigen möchte ich über das
Was nur uns beide anging.
Über die Namen, die wir uns gaben
Täglich neue
Und wie wir beieinander ruhten ohne Furcht.

Denn du hast mich gebettet
Im Schoße Geheimnis
Zwischen Wände die sich auftun
Unter Sterne die schwanken
Im Nichtsmehrwichtig
Im Ohnedauer
Im Baldbeidir.

IV
(Abgesang)

Fährfrau mit dem runden Hut
Hast du ihn gesehen?
Ja, sagt die Fährfrau.

Hirte mit dem toten Lamm
Hast du ihn gesehen?
Ja, sagt der Hirte.

Bergmann mit dem weißen Licht
Hast du ihn gesehen?
Ja, sagt der Bergmann.

Welchen Weges ging er, Fährfrau?
Über Wasser trocknen Fußes.

Welchen Weges ging er, Hirte?
Berghinüber leichten Atems.

Welchen Weges ging er, Bergmann?
In der Erde lag er still.

Was stand auf seinem Gesicht geschrieben?
Frieden, sagten alle. Frieden.

Erde

Erde der ich so oft
Mein stockendes Leben
Abgewann mit der doppelten Augenzahl
Mit der Herzkarte Liebe.

Die mich lockte die Stockfinsternis
Und der hellichte Tag
Und die Nachzüglerschwalbe
Fledermausleicht
Die Herbstzeitlose des Himmels.

Lebendiges Wasser
Forellenschnell
Grünschattig bachab
Und die Flamme Bergahorn
Vor dem erloschenen Gletscher.

Felsen von Salzwasser rauh
Muschelumblätterte
Besponnen von eisernen Moosen
Und der gierige Seevogelschrei
In der kieselreißenden Brandung.

Eh ich noch gehe
Alle verlaßt ihr mich
Faltet euch ein
Wie die Novemberrose
Papyrusgraue
Wer sagt daß er sterben muß?
Eh wir noch gehen
Stirbt uns die Erde
Stirbt uns das Wasser
Und längst ist die Schwalbe dahin.

Der blaue Vorhang

für Werner Burger

Was ist aus den Bergen geworden
Und aus den schwellenden Flüssen
Seit meine Zunge verdorrt ist
Seit meine Hände die Erde
Durchpflügen nach deinen Augen
Seit meine Stimme immer nur das Eine
Flüstert und stammelt
Deinen Tod...

Die Berge sind eingesunken
Die Flüsse vertrocknet
Die Sonne die untergeht ist nicht mehr rot
Die Weide leuchtet nicht mehr zeisiggrün,
O wenn der Juni kommt mit grauen Rosen.

Und doch auch diese uns
Überlebende Welt ist schön
Auch an den Wegen von denen
Unsere Spuren gelöscht sind
Erblüht der Weißdorn
Auch die Gespräche
Die von uns nichts mehr wissen
Sind voll von Liebe.

Aufrufen will ich das Versunkene
Und leben machen das Getötete
Daß sie aufleuchten noch einmal
Die Lichter der Autobahn
Die sich begegneten am Kirschbaumhügel
Als mir der Wind den Vorhang
Ins Zimmer wehte die meerblaue Fahne.

Du sollst nicht

Du sollst mir nicht zusehen wenn
Meine Fratzen den Spiegel zerschneiden
Wenn ich mich umdrehe nachts
Fensterwärts wandwärts
Und die Leintücher seufzen.

Du sollst nicht sehen wie ich mich vorwärtstaste
Blind an der Kette meiner Niederlagen
(Auch an diese kann man sich halten)
Noch anwesend sein
Wenn ich meine pathetischen Verse lese.

Einmal bedurfte es nur eines Wortes von dir
Und die Laufschritte in meinem Rücken fielen ab.
Nur deiner Hand mir unter die Wange geschoben
Und ich schlief.

Schnee

I

Lange haben wir keinen Schnee mehr gesehen,
Nicht des Winter anämische Landschaft
Nicht die Eiszunge grüne
Wenn sie die Täler hinabschleicht,
Sich einverleibend Farren und Glitzerflügel
Und was da vom Tiefhimmel fällt
Weißes zu Weißem und deckt
Meinen Fels meine nackte Schönflur.

II

Zeit zu träumen
Gefangen im Schneebett
Wenn die Dämmerung kommt
Wenn die schwarzen Zäune
Entfliehen feldüber.
Zeit zu tauschen
Schneemann und Schneefrau
Kohlenäugig
Karottenlippig
Im Knistern des Frostes
Uralte Erfahrung.

III

Von der Ungeheuerlichkeit
So lupennah
Jede Pore jedes Haar
Von Schlafhauch bei Schlafhauch
Ertappten Gedanken
Entrissenem Geheimnis
Zwei Leibern verwesend
Aneinandergeschnallt
Zwei Einsamkeiten
Zum Bündel geballt
Von Tag und Nacht
Der Speise Du
Giftiger als Gift
Süßer als Manna.

IV

Gespräche unsere lebenslang alltäglich
Sieh wie es schneit.
Die Sterne fliegen fort.
Sie bauen ein neues Haus dort drüben.

Dein Halsweh? Besser.
Kauf das dunkle Brot.
Geh *Du* ans Telefon.
Blüht schon die Linde?
Das Kind ist blaß
Wir geben zuviel aus.
Hörst Du die Axt?
Sie fällen die Kastanien.
Schon Mitternacht
Und wieder nichts getan.
Sieh wie es schneit.
Und so ein Leben lang
Drehorgel aus dem Eheparadies.
Wie sich das anhört d'outre tombe
Wie süß.

V

Wie sich das ansieht Liebe d'outre tombe
Eine Stadt mit Türmen von denen die Fahnen wehen:
Eine Milch die überschäumt und zischt auf dem Herde
Eine Welle die herrauscht riesig aus der Mitte des Meeres
Eine Versöhnung im Fleische immer wieder
Ehe die zornrote Sonne untergeht.

VI

Liebende haltet Euch fest
Seilt euch an am Jochbein
Werft euch die Taue
Um das beinerne Rückgrat.
Finstere Zeiten kommen
Schiffe segeln durchs Zimmer
Mit schwarzer Leinwand
Und schreienden Masten.
Maulwurfsgrillen in Pferdsgröße
Nagen an den Bäumen im Garten

Aus dem Hinterhalt zarter Skabiosen
Werden Flammen geworfen.
Euer Schweigen übertönt die schreienden Masten.
Auge in Auge versenkt übersieht die Chimäre
Herzschritt an Herzschritt gepreßt übergeht die Gefahr.

VII

Ihr mögt mich schelten sagt die Liebende
Aber mein Gott war sterblich
Hatte Hunger und Durst wie alle.
Bettete sein Haupt
Vergrub sich in meine Lenden
Wanderte irrte kam wieder
Der schreiende Heiland.
Ihr mögt mich schelten sagt die Liebende
Aber ich wußte was Gnade ist.
Seine Worte verloren ihr Salz nicht
Ein Leben lang
Seine Hände nicht ihre Kraft
Seine Lippen nicht ihre Süße.

VIII

Überall
Im Kanal von Korinth
Wo über der seufzenden Lehmwand
Die Sterne schwanken.
Auch in Sizilien
Seinen herbstüberschwemmten Tälern
Unter goldenen Kuppeln im Reigen
Syphilitischer Kinder.
Bei den Taufen in fremden Flüssen
Den eisigen neuen Geburten
Aus dem roten anatolischen Halys
Aus dem Stromschnellenwasser der Drau.
Überall wo sie uns ansprang

Die scharfzähnige Fremde
Wo sie uns die Kleider vom Leib riß:
Wie fest wir standen
Ein Du ein Ich
In den Fluten der Schwermut.

IX

Reden wir von der Ehe als einer Zeit
Da wir auf der Erde zuhause sind
Da unsere Füße in die Schuhe passen
Unser Leib ins Bett
Unsere Hand um den Türgriff.
Da ein Maß ist geeicht von der Liebe
Und ein Herzstein der das rechte Gewicht hat.
Niemand drehte uns das Wort im Munde herum
Nicht vermischten sich Wasser und Erde Tag und Nacht
Und noch der Blitz der schwarz uns verbrannte
Hatte sein Ansehen.

X

Aufzustellen wäre das Schuldregister.
Schuld unsre erste: Blindheit
(Wir übersahen das Kommende).
Schuld unsre zweite: Taubheit.
(Wir überhörten die Warnung).
Schuld unsre dritte: Stummheit
(Wir verschwiegen, was gesagt werden mußte)
Warum?
Wir wollten uns nicht verlieren.

XI

Sagt mir doch nicht es gäbe keine Engel mehr
Wenn Ihr die Liebe gekannt habt
Ihre rosigen Flügelspitzen

Ihre eherne Strenge.
Und es gäbe kein Eden mehr
Keinen Ort wo Löwen und Lämmer weiden
Wenn Ihr irrtet vertrieben
In Tälern schwarzverschlammten
Und lehntet die Stirn an den Sumpfbaum
Und er löste sich auf
Und es sänke zu Boden
Die Krone der Stamm
Und die schneefleckige Rinde.

XII

Geben wir zu es war ein schweres Spiel
Geduldspiel. Karte um Karte aufgedeckt
Jede Reihe verwirrter.
Aufgabe unlösbar gestellt
Nicht auszusprechen mit Hilfe von Logarithmen.
Mauer aus Elfenbeinsteinen
Vier Winde und dreimal drei Drachen.
Wer tauscht zur rechten Zeit das Rechte ein?
Tanzfigur rätselhafte
Umfangen und Fahrenlassen.
Geben wir zu ohne Glück
Tauschen wir nichts.
Weder Jahre noch Tage noch Küsse.

XIII

Lange haben wir keinen Schnee mehr gesehen
So hoch verweht und vieles verbirgt sich darunter.
Vergangenheit und Zukunft. Moderblatt
Rauschendes Frühlingswasser.
Es murmeln die Toten im Schneebett
Die Ungeborenen
Am Himmel wiegt sich und tanzt
Meine weißgekleidete Trauer.

»Einer von zweien«

Neben ›Quo vadis‹ ist ›Die Füße im Feuer‹ die einzige Erzählung dieses Bandes. Sie erschien 1966 in ›Ferngespräche‹. An Kafka erinnernd wird hier auf eine für Marie Luise Kaschnitz' Erzählkunst sehr typische Weise ein seelischer Zustand personifiziert. Eine sprachliche Metapher wird beim Wort genommen und in menschliches Geschehen umgeformt. Hier geht es um jenen Zustand der »Versteinerung« oder »Vereisung«, das Phänomen des Absterbens der sinnlichen Wahrnehmung nach seelischem Schock, wie es in der Einleitung zu diesen Texten beschrieben wurde. Laut Aussage der Autorin geht diese Erzählung als einzige ihres Gesamtwerks auf keinerlei wirkliche Geschehnisse zurück. Um so eindrucksvoller ist ihre Darstellungskunst, aufgrund deren der Leser durch eine scheinbar vollkommen realistische Schilderung eines ›Tagebuchs‹ zum Zeugen eines irrealen Geschehens wird, das in einer dramatischen Zuspitzung endet. Die Tatsache, daß Marie Luise Kaschnitz den Titel der berühmten Ballade von Conrad Ferdinand Meyer übernahm, mag darauf hinweisen, daß es bei beiden Dichtungen um das gleiche Thema geht, um Liebe und Tod.

3.9. Es wäre gewiß falsch, meinen augenblicklichen körperlichen Zustand als Krankheit zu bezeichnen. Ich bin nicht krank, ohne zu übertreiben, kann ich behaupten, daß ich mich nie besser gefühlt habe als in diesen Tagen. Ich sehe gut aus, und während mein Gesicht früher am späten Abend stark verfiel, bleibt es jetzt ohne jede kosmetische Nachhilfe bis Mitternacht rosig und frisch. Auch meine Arbeitskraft hat keineswegs nachgelassen. Wie, schon Feierabend? sage ich, wenn es sechs Uhr schlägt, – meine Kollegen im Büro haben indessen schon viele Male gegähnt und auf die Uhr gesehen. Mein Appetit ist gut, ich kann die schwersten Speisen essen, ohne Magendrücken zu bekommen, und von den Halsschmerzen, unter denen ich früher oft gelitten habe, ist schon seit Monaten keine Rede mehr. Ich bin auch, obwohl ich nicht mehr jung bin, ausgezeichnet zu Fuß. Erst vor kurzem habe ich einen Spaziergang von vier Stunden gemacht, ohne am nächsten Tag unter Muskelschmerzen zu leiden. Die blauen Flecken, die ich seit einiger Zeit an meinen Armen und Beinen bemerke, können nichts zu bedeuten haben.

5.9. Heute hat mich mein Friseur auf einen dieser Flecken aufmerksam gemacht. Ich war im Begriff, ihm eine neue Frisur zu erklären, wobei ich meine Hände über den Kopf hob, meine ohnehin nicht langen Blusenärmel fielen über die Ellbogen zurück. Das muß aber sehr weh getan haben, sagte der Friseur, und ich sah im Spiegel, wie er auf meinen rechten nackten Arm deutete, auf dem ein großer schwarzblauer Fleck ähnlich einer Eierfrucht sichtbar war. Der Anblick erschreckte mich nicht, ich bin an diese Verfärbungen meiner Haut bereits gewöhnt. Ich begreife darum nicht, weshalb ich auf die Frage des Friseurs, ob ich gefallen sei, nicht antwortete, ich kann mich an nichts erinnern, was der Wahrheit entsprochen hätte. Statt dessen habe ich hastig gesagt: Jawohl, gefallen, und habe einen erfundenen Sturz in allen Einzelheiten beschrieben, wozu doch gar keine Veranlassung war.

Immerhin kommt es gelegentlich vor, daß man eine Verletzung, einen Schlag oder Stoß augenblicklich wieder vergißt. Meine Erzählung muß denn auch recht unnatürlich geklungen haben. Jedenfalls sah mich Herr Alphons, so heißt der Friseur, im Spiegel besorgt, fast mißtrauisch an.

8.9. Von dem Bluterguß am Ellbogen ist, nachdem mein Arm sich zuerst grün, dann kräftig gelb gefärbt hat, fast nichts mehr zu sehen. Dafür hat sich heute, als ich während des Kartoffelschälens zum Fenster hinaussah, zwischen den Schalen auf dem hübschen grünen Resopal meines Küchentisches ein Blutfleck gebildet. Es dauerte eine Weile, bis ich herausfand, daß die Ursache dieser sich rasch vergrößernden Lache ein Schnitt in meinem linken Handballen war. Es wunderte mich, daß ich von diesem recht tiefen Schnitt nichts gespürt hatte. Als ich die Wunde mit Jod behandelt und verbunden und die Kartoffeln abgewaschen hatte, schlug ich mir absichtlich mit der Faust aufs Schienbein. Es tat nicht im geringsten weh.

9.9. Versuche wie der oben beschriebene sind kindisch und ohne jeden wissenschaftlichen Wert. Bekanntlich ist man ganz unbewußt immer darauf aus, sich zu schonen, so daß die Kraft der zuschlagenden Faust von einer andern nicht weniger wirksamen Kraft aufgehalten oder abgeschwächt wird. Nur der äußerste Selbstvernichtungswille kann einen Menschen dazu treiben, sich ein Messer ins Herz zu stoßen. Von einem solchen Vernichtungswillen kann bei mir keine Rede sein. Die kleinen Versuche, die ich neuerdings anstelle, dienen nur der Erklärung der oben genannten merkwürdigen Erscheinungen, bei denen es übrigens nicht geblieben ist. So habe ich mir gestern, durch einen starken Niesreiz aufmerksam gemacht, mit Hilfe eines Spiegels in den Hals gesehen. Alle Schleimhäute waren, wie schon so oft bei Erkältungen, feuerrot. Trotz der heftigen Entzündung machte mir jedoch das Schlucken nicht die geringsten Beschwerden. Auch bei dem Versuch, statt weicher Speisen harte Brotkrusten und Nüsse zu essen, spürte ich, abgesehen von einer sozusagen mechanischen Schluckhemmung, nichts.

11.9. In Begleitung meiner Freundin Clara habe ich heute eine Kunstausstellung besucht. Es war nicht das erste Mal, daß wir zusammen Bilder betrachteten, und wie immer hatte ich große Mühe, Clara die sogenannte abstrakte Malerei nahezubringen. Während ich sonst bei dieser Art von Überredung rasch erlahme, wurde ich heute immer redseliger, und soviel ich mich erinnere, sah Clara mich mehrmals recht erstaunt von der Seite an. Es mag sein, daß die Formulierungen, mit denen ich die alte ›gegenständliche‹ Kunst verdammte, etwas überspitzt geklungen haben. Ich erwähnte nämlich eine Reihe von Bildern, des vergangenen und sogar des jetzigen Jahrhunderts (den Mondscheingeiger von Hans Thoma, Böcklins Toteninsel, Kokoschkas Windsbraut, van Goghs Kornfeld mit Raben), und behauptete, daß diese Bilder auf eine allzudeutliche, ja fast unappetitliche Weise menschliche Empfindungen zum Ausdruck brächten. Von solchem Übermaß an Todestrauer, Einsamkeit und Wahnsinn sind die abstrakten Kompositionen frei. Sofern sie den Beschauer nicht gleichgültig lassen, erzeugen sie in ihm nur eine gewissermaßen unmenschliche Lust an Farben und Formen, die mit der menschlichen Existenz nichts zu tun haben und die sogar von den Dingen noch abgezogen sind. Niemals habe ich diese Lust so stark empfunden wie heute. Niemals hat sie so nachhaltig in mir weitergewirkt.

12.9. Ich frage mich, warum ich gestern, als ich mit Clara die Ausstellung verlassen hatte und wir durch den Park nach Hause gingen, meine körperliche Verfassung mit keinem Wort erwähnte. Wenn überhaupt jemand sich dafür interessierte, wäre es Clara gewesen, die ich seit vielen Jahren kenne und der ich kein äußeres oder inneres Unbehagen je verschwiegen habe. Als ich heute auf demselben Weg an derselben grauen Brunnenschale vorbeiging, fiel mir ein, daß ich eben dort mit ›Stell dir vor‹ und ›Findest du das nicht merkwürdig‹ tatsächlich anfangen wollte, Clara meinen Zustand zu schildern. Ich habe es aber dann doch nicht getan. Es mag sein, daß jede und selbst eine so positve Anomalität Widerwillen erregt, zumindest eine Befremdung hervorruft, die dann zwischen sich nahestehenden Menschen so etwas wie Fremdheit erzeugt.

15.9. Auch den Gedanken, meinen Arzt aufzusuchen, habe ich verworfen. Zum Arzt geht man, wenn einem etwas weh tut. In jedem andern Falle würde man sich nur lächerlich machen. Ich kann trotzdem nicht leugnen, daß es mich neuerdings beunruhigt, keinen Schmerz mehr zu empfinden. Außerdem kommt es mir so vor, als sei diese körperliche Leidensunfähigkeit nur eine Etappe auf einem Wege, den ich schon lange, vielleicht schon vor Jahren eingeschlagen habe. Ich bin fast sicher, daß eine Durchsicht meiner alten Tagebücher meinen Verdacht bestätigen würde. Ich will mich aber mit diesen Dingen nicht beschäftigen. Schließlich kann ich ja nichts dafür, daß mir nichts weh tut und daß es mir nicht mehr möglich ist, Tränen zu vergießen.

16.9. Ich habe heute wegen eines leichten Ziehens im rechten Oberkiefer den Zahnarzt aufgesucht. Es stellte sich eine starke Wurzelhautvereiterung heraus. Der Zahnarzt, zu dessen wehleidigsten Patienten ich gehöre, war äußerst erstaunt, daß ich ihn die Behandlung ohne jede Betäubung durchführen ließ. Er konnte nicht ahnen, daß das Zahnziehen für mich ein Experiment war und eines, dem ich in höchster Spannung entgegensah. Da der Zahnarzt, Dr. Wimmer, sehr geschickt arbeitet und da ich wußte, daß er sich alle Mühe geben würde, mir auch im wachen Zustand jeden Schock zu ersparen, machte ich, als er die Zange bereits angesetzt hatte, eine Bewegung mit dem Kopf, so daß die Zange im falschen Winkel zugreifen mußte. Im nächsten Augenblick durchfuhr mich ein heftiger Schmerz. Doktor Wimmer, die Zange mit der blutigen Wurzel in der erhobenen Hand, entschuldigte sich, er war ehrlich bestürzt, besonders, da er nun auch Tränen über meine Backen laufen sah. Wie hätte ich ihm erklären können, daß es Tränen der Freude waren.

1.10. Mein Erlebnis beim Zahnarzt hat mich aufgerichtet und gestärkt. Ich bin nicht gern etwas Besonderes und nicht gern allein. Obwohl ich nie verheiratet war, habe ich doch stets gesellig gelebt und an dem Schicksal meiner Freunde den herzlichsten Anteil genommen. Wieder eingereiht in die große Schar der Menschen, die leiden, fühlte ich erst die Vereinsamung, von der die alten Götter der Sage bedroht waren und die sie dazu veranlaßte, in menschlicher Gestalt menschliche Erfahrungen zu machen. Vor kurzem bin ich sogar auf den vielleicht absurden Gedanken gekommen, daß ein schmerzloses Dasein überhaupt kein Dasein ist. Die freudige Stimmung, in der ich mich seit dem Zahnziehen befinde, läßt sich kaum anders erklären. Sie hat dazu geführt, daß ich gestern eine kleine Gesellschaft gegeben habe. Wir haben Ratespiele gespielt, vielmehr eine Art von Scharaden, bei denen menschliche Eigenschaften und Verhaltensweisen (Hörigkeit, Habsucht, Eifersucht, Todesangst usw.) dargestellt und erraten werden mußten. Ich war überrascht, wie gut man sich bei derlei doch kindlichen Spielen unterhält und wieviel Geist und gute Laune dabei zutage treten. Außerdem führen sowohl die gewählten Themen wie auch die Art und Weise ihrer Verdeutlichung zu den interessantesten Gesprächen über die menschliche Natur, Gesprächen, an denen ich mich gestern abend aufs lebhafteste beteiligt habe. Als wir, es war bereits 3 Uhr morgens, auseinandergingen, beschlossen wir, diese Zusammenkünfte an wechselndem Ort, aber regelmäßig zu wiederholen. Der Kreis, schon aufeinander eingespielt, sollte derselbe bleiben. Nur mein Freund Werner F., der sich zur Zeit auf einer Reise durch die Vereinigten Staaten befindet, sollte noch zugelassen werden.

3. 10. Bei den Tagebüchern, die ich kürzlich erwähnt habe, handelt es sich nicht um die von mir täglich festgehaltenen Gedanken und Eindrücke allgemeiner Art, sondern um die kleinen Heftchen, in denen ich selten, aber dann mit der schonungslosesten Offenheit von mir selber berichte. Ich habe heute die letzten dieser Heftchen in die Hand genommen und einige Stellen mit einem roten Stift angestrichen. Es waren da meine Reaktionen auf gewisse Geschehnisse im Kreis meiner Verwandten und Bekannten geschildert. Die Worte, die ich rot unterstrichen habe, sind Gleichgültigkeit, Kälte, kein Eindruck, kein Mitgefühl. Leider habe ich neuerdings wieder

Veranlassung, mich über diese Worte zu beunruhigen und sie mit meiner körperlichen Verfassung in Zusammenhang zu bringen.

6. 10. Ich spürte heute während meiner Arbeit im Büro auf der Zunge einen starken Blutgeschmack und mußte den Waschraum aufsuchen, wo ich dann mehrere Mund voll kräftig roten Blutes ins Waschbecken spie. Offensichtlich hatte ich mich, ohne es zu merken, auf die Zunge gebissen. Die Blutung hörte bald auf, ich konnte nur eine Weile lang nicht deutlich sprechen, was bei meinen Kollegen große Heiterkeit hervorrief. Es fiel mir ein, daß ich mich als Kind oft auf die Zunge gebissen und dabei jedesmal laut geheult hatte, obwohl damals gar kein Blut geflossen war. Ich esse jetzt sehr vorsichtig und nehme mich sogar beim Sprechen in acht. Es scheint, daß ich eine außergewöhnlich lange Zunge habe, die sich ohne Gefahr in der Mundhöhle nicht frei bewegen kann.

15. 10. Ich hatte in der letzten Zeit viel Arbeit, wodurch ich von meiner Selbstbeobachtung abgelenkt wurde. Gestern wurde ich zu unserem Chef (ich arbeite in einem Werbebüro) gerufen, und es wurde mir eine Gehaltserhöhung in Aussicht gestellt. Herr Kramer lobte die Gleichmäßigkeit und Ruhe, mit der ich meine Arbeit verrichte. Er meinte, daß ich, während alle anderen sich von ihren seelischen und körperlichen Mißstimmungen beherrschen ließen, eine geradezu staunenswerte Ausgeglichenheit zur Schau trüge. Auch daß ich mich in Gespräche mit meinen Kollegen weniger und weniger einlasse, lobte er sehr. Zum Schluß machte er einen Scherz, indem er mich mit einer vollkommen zuverlässig funktionierenden Maschine verglich. Diese Beurteilung hätte mir noch vor wenigen Wochen einen unangenehmen Eindruck gemacht. Aber die sentimentalen Anwandlungen, die in meinen Aufzeichnungen vom 16. 9. und 1. 10. dieses Jahres zum Ausdruck kommen, sind längst vorbei. Daß ich mir kürzlich, ohne den geringsten Schmerz zu empfinden, den Arm gebrochen habe, hat mich nicht beunruhigt, sondern entzückt. Ich habe mich, den schlaff herunterhängenden rechten Arm mit der linken Hand stützend, in ein Ambulatorium begeben, wo

man die Knochen auf meinen Wunsch zusammengenagelt hat. Danach bin ich mit einer Verspätung von 35 Minuten an meinem Arbeitsplatz erschienen. Sowohl der Arzt wie auch der Bürovorsteher haben mich mit Erstaunen, ja sogar mit einem gewissen Entsetzen angesehen. Ich war ihnen unheimlich, so wie ich durch meine stets gleichbleibende Freundlichkeit auch meinen Mitarbeitern neuerdings unheimlich bin.

20.10. Mein Freund Werner F. ist gestern voll von Erfahrungen und neuen Plänen aus den Vereinigten Staaten zurückgekommen. Er erzählte mir vieles, vor allem über das amerikanische Erziehungswesen, das zu studieren der Zweck seiner Reise gewesen war. Es fiel mir auf, wie frisch und jung er aussah und wie sehr er sich plötzlich für manche ihm früher fernliegende Dinge, z. B. die Politik, interessiert. Es scheint, daß er nicht übel Lust hat, sich einer Partei anzuschließen, und daß er, um gewissen pädagogischen Vorhaben den Boden zu bereiten, nicht nur zur Großindustrie, sondern auch zu den christlichen Kirchen Verbindung sucht. Obwohl ich mich bemühte, seinen Gedankengängen zu folgen, ermüdete ich doch rasch. In der mir früher so sympathischen Aktivität meines Freundes entdeckte ich plötzlich Züge von Betriebsamkeit und Geltungsbedürfnis, auch konnte ich den von ihm aufgeworfenen Fragen wenig Interesse abgewinnen. Er verabschiedete sich endlich enttäuscht, beinahe kühl. Es täte mir leid, wenn mein Verhalten unsere Beziehung, die teilnehmende Freundschaft zweier alternder Junggesellen, in Frage gestellt hätte. Ich fürchte aber, daß ich einen neuen Besuch mit neuen langatmigen Erörterungen nur schwer ertragen könnte. Daß wir mehrmals und auch noch kurz vor Werners Abreise im Sinn hatten, uns zu heiraten, erscheint mir völlig absurd.

27.10. Die recht beträchtliche Gehaltserhöhung hat mich in die Lage versetzt, eine andere, geräumigere Wohnung zu mieten. Endlich konnte ich mir auch einen lang gehegten Wunsch erfüllen: ich habe jetzt im Wohnzimmer einen offenen Kamin, auch gut getrocknete Buchenkloben und Anfeuerholz liegen bereit. Ich kann kaum erwarten, daß die Tage noch kürzer werden und die langen, nebligen Winterabende beginnen. Sobald ich nach Hause komme, werde ich dann in meinem Kamin ein Feuer anzünden und mit Hilfe der hübschen Messinggeräte (einem Geschenk der Firma) die Flammen regieren. Ihr Flackern, Zucken, Aufschnellen und Zusammensinken wird mich besser unterhalten als die Gespräche meiner Besucher, denen ich schon seit einiger Zeit nichts mehr abgewinnen kann. Was man da, selbst von einer so guten Freundin wie Clara, zu hören bekommt, ist doch im Grunde immer dasselbe, Sehnsucht nach Unerreichbarem, Klage um Verlorenes, Angst um das eigene Leben oder um ein fremdes, das einem ans Herz gewachsen ist. Mir ist nichts mehr ans Herz gewachsen, und um mein eigenes Leben zittere ich nicht. Manchmal denke ich, daß jemand, dem nichts weh tut, in gewissem Sinne unsterblich ist.

29.10. Ich hörte heute auf der Straße ein Kind angstvoll schreien. Nicht daß ich etwa hinausgestürzt wäre. Ich bin in meinem Zimmer geblieben und habe nicht einmal das Fenster aufgemacht. Ich habe mich aber daran erinnert, daß mich früher nichts so sehr erregte wie das Leiden von Kindern, und einen Augenblick lang war ich über meine Gleichgültigkeit entsetzt. Als wäre der vollkommene Gleichmut nicht ein höchst erstrebenswertes, ja vielleicht das einzig erstrebenswerte Ziel.

10.11. Mein Arm ist längst geheilt. Dafür habe ich mich in der letzten Zeit wieder mehrmals auf die Zunge gebissen. Obwohl es dank meiner Achtsamkeit zu Blutungen nicht gekommen ist, müssen dabei doch Verwachsungen bzw. Verdickungen entstanden sein. Ich merke es daran, daß man mich, auch wenn ich langsam und deutlich spreche, nicht mehr versteht. Ein Referat mit zehn neuen wichtigen Vorschlägen für eine zugkräftige Reisewerbung mußte ich, nachdem ich vergeblich versucht hatte, mich meinem Chef verständlich zu machen, schriftlich abgeben. Herr Kramer, der sich über die fast spaßige Geringfügigkeit meines Leidens offenbar nicht im klaren war, vielleicht sogar etwas wie einen

Schlaganfall vermutete, forderte mich freundlich auf, zu Hause zu bleiben. Er versprach, mich mit schriftlicher Arbeit zu versorgen. Als ich meine Schublade ausräumte, mußte ich darüber lachen, wie mitleidig meine Kollegen, diese mit Magengeschwüren, Rheumatismen und langsam wachsenden Krebsgeschwülsten ausgestatteten armen Menschen mich, die einzig Gesunde, betrachteten.

20.11. Seit ich nicht mehr ins Geschäft gehe, komme ich erst richtig dazu, die neue Wohnung einzurichten und auch die letzten mitgebrachten Koffer auszupacken. Bei dieser Gelegenheit habe ich heute alle meine alten Tagebücher vernichtet. Was sich augenblicklich mit mir begibt, ist interessanter als alles, was ich früher aufgezeichnet habe. Ich könnte mir aber vorstellen, daß gewisse, aus vergangenen Zeiten stammende Mitteilungen auch dem Leser dieser Seiten wichtig wären. So mag es ihn interessieren, daß ich als Kind bei jedem, auch dem nichtigsten Anlaß geweint habe und daß ich bei körperlichem Unbehagen (Knieaufschlagen, Ellbogenanstoßen, beim Schlittschuhlaufen Frieren) überaus empfindlich war. Ferner daß ich über den Tod meines in Stalingrad gefallenen Verlobten untröstlich gewesen bin.

28.11. Es ist Winter, und ich bin noch immer zu Hause. Der Arzt, den ich eines gebrochenen Fingers wegen aufsuchen mußte, bestand darauf, mich buchstäblich in Watte zu wickeln, d.h. alle etwaigen Bruchstellen meiner Glieder mit dicken Verbänden zu versehen. Natürlich habe ich dagegen protestiert. Ich bin gesund, mein Appetit und meine Verdauung sind ausgezeichnet, und meine Stimmung ist gut. Da die mir versprochenen Arbeitsaufträge ausgeblieben sind, habe ich, um mich nicht zu langweilen, angefangen, mehrere mir bisher unvertraute Sprachen zu erlernen. Ich komme bei dieser Beschäftigung gut voran. Das einzige, worunter ich leide, ist ein beständiges leises Frösteln. Wie gut, daß ich den Kamin habe und einen reichlichen Holzvorrat dazu.

30.11. Heute Anruf von Herrn Weidmann, dem es endlich gelungen ist, alle am 30. September von mir eingeladenen Leute zu einem neuen Spielabend zusammenzubekommen.

Er bestand darauf, daß ich, die Anregerin und, wie er liebenswürdig versicherte, begabteste Spielerin, an dem Abend teilnehmen sollte. Natürlich habe ich abgesagt. Solche Spiele und gar die notwendigerweise darauf folgenden Gespräche über die menschliche Natur interessieren mich nicht mehr. Außerdem erscheint mir die Zahl der Möglichkeiten allzu begrenzt: eine Handvoll Eigenschaften und Wahnvorstellungen, denen der Mensch in seiner begrenzten Lebenszeit, also sehr vorübergehend, unterworfen ist. Damit einen Abend und eine halbe Nacht lang zu verbringen lohnt sich nicht.

2.12. Ich weiß nicht, was gestern über mich gekommen ist. Daß ich es plötzlich im Zimmer nicht mehr ausgehalten habe, mag noch verständlich erscheinen, da ich ja früher täglich stundenlang Spaziergänge machte. Ich bin aber diesmal gar nicht in den Park oder aufs Land hinaus, sondern in die Stadt gegangen, und seltsamerweise habe ich auf meinem Wege jeden, der mir begegnete, angehalten und ihn auszufragen versucht. Natürlich gehorchte mir meine vernarbte Zunge nicht. Es mag auch sein, daß ich in meiner Erregung die eben erlernten fremdsprachlichen Brocken habe einfließen lassen. Jedenfalls muß ich, mit meinen dick verbundenen Händen gestikulierend und Unverständliches stammelnd, den Eindruck einer Verrückten gemacht haben. Polizisten haben mich schließlich nach Hause gebracht, wo ich sofort ruhig wurde. Obwohl ich, wie man mir heute erzählte, auch versucht haben soll, diese mir ganz fremden Leute zu umarmen, fühle ich mich doch durch mein Verhalten nicht gedemütigt. Ich frage mich nur, was ich von diesen Hausfrauen, Beamten, Briefträgern und Schülern eigentlich habe erfahren wollen. Vielleicht wollte ich herausbekommen, was jede einzelne dieser Personen im Augenblick bewegte, um dann die mir fremd gewordenen Empfindungen in mir selbst zu erzeugen.

4.12. Ich bin noch immer ganz ruhig, ja noch gelassener, als ich es vor meinem mir jetzt noch völlig unverständlichen Ausbrechen war. Ich bin überzeugt davon, daß solche Anfälle sich nicht wiederholen werden. Unter der Tatsache, daß es mir offensichtlich nicht mehr gelingt, mich andern Menschen verständlich zu machen, leide ich nicht. Ungewöhnliche Menschen oder Menschen mit einem ungewöhnlichen Schicksal sind nur selten verstanden worden. Übrigens liegt mir auch nichts mehr daran, mich mitzuteilen, ebensowenig wie mir daran liegt, Mitteilungen zu empfangen. Obwohl mein Verstand rasch und präzise arbeitet, interessiert mich doch nichts genug, um ihn daran zu erproben. Ich habe darum meine Sprachstudien aufgegeben. Allenfalls beschäftige ich mich noch mit den Grundzügen der Geometrie, mit der während meiner letzten Schuljahre ein besonderer Lehrer eine ganze Klasse von albernen Mädchen faszinierte. Ich besitze nicht nur meine alten Lehrbücher noch, sondern auch einen raffiniert ausgestatteten Zirkelkasten: in schwarzer und farbiger Tusche stelle ich, den Zirkel und das Winkelmaß mit äußerster Genauigkeit handhabend, die verlangten Figuren her. Meinen kleinen Haushalt halte ich noch immer in peinlichster Ordnung, bereite mir auch aus schriftlich bestellten Lebensmitteln meine Mahlzeiten selbst.

Auch was meine äußere Erscheinung anbetrifft, lasse ich mich keineswegs gehen. Herr Alphons kommt, um mich zu frisieren, und mit allerlei Salben pflege ich meinen Teint, der von bemerkenswerter Frische ist. Die Götter altern nicht, habe ich gestern, freilich nicht ohne Ironie, angesichts meines Spiegelbildes gedacht.

6. 12. Heute an meinem Geburtstag hat es mehrere Male an der Wohnungstüre geläutet. Ich habe mich nicht gerührt, bin aber später hinausgegangen, um die Blumen und Briefe aufzuheben, die auf der Schwelle lagen. Mein Freund Werner hat eine große Azalee geschickt und hat mich in seinem Glückwunschbrief beschworen, ihn anzurufen und mit ihm zusammen eine ihm bekannte medizinische Kapazität aufzusuchen. Offenbar hält er mich für gefährlich krank. Ein Frühlingsstrauß war von der Spielgesellschaft, eine Amaryllis von den Kollegen aus dem Büro. Gegen Abend läutete es dreimal, und weil dieses Kurz-lang-kurz ein von Clara und mir ausgemachtes Zeichen ist, habe ich ganz unwillkürlich die Türe

aufgemacht. Ich habe mich dann auch wirklich gefreut, Clara zu sehen. Ich habe sie in der Wohnung herumgeführt, habe für uns den Tisch gedeckt und ein Käsesoufflé zubereitet, das ganz ausgezeichnet war. Später habe ich ihr meine geometrischen Zeichnungen gezeigt. Sie war merkwürdig bedrückt und umarmte mich beim Weggehen mit Tränen in den Augen. Wer weiß, was für Sorgen und Schwierigkeiten sie in ihrer Familie wieder hat. Ich habe sie nicht gefragt.

9. 12. Die Kälte in diesem Jahr ist außergewöhnlich. Schon von morgens an muß ich neben der Ölheizung noch den Kamin anstecken. Ich sitze dann in einem niederen Lehnstuhl, den ich im Laufe des Tages immer dichter ans Feuer rücke. Der Kamin zieht vortrefflich, die Flammen sprühen und tanzen, und diese ständige Bewegung ist es, die wie auch schon in vergangenen Zeiten der Anblick der Meeresbrandung mein Entzücken erregt. Oft wenn es im Zimmer schon dunkel ist, glaube ich mich am Rande eines Vulkans zu befinden, dessen Flammen aus einer unvorstellbaren Tiefe hervorbrechen und singen. Unwillkürlich versuche ich diese von dumpfen Detonationen begleiteten feinen Töne nachzuahmen. Schon lange ersetzen sie mir die Musik aus dem Rundfunk, die doch immer etwas allzu Menschliches hat. Wenn ich das Feuer verlasse, um mich schlafen zu legen, friere ich sehr.

12. 12. Keine Veränderung, bis auf ein Anwachsen des Kältegefühls, das mich jetzt auch im Bett oft an allen Gliedern zittern läßt. So bin ich eben, kurz vor Mitternacht, wieder aufgestanden und habe auf das noch schwach schwelende Kaminfeuer die wenigen noch vorhandenen Buchenscheite gelegt. Ich habe meinen Stuhl ans Feuer gerückt, und mit Genugtuung beobachte ich, wie sich die Flammen beleben. Da ich erst morgen eine neue Lieferung Brennholz erwarte, werde ich die Bücher zu Hilfe nehmen müssen, die längst ungelesen, aber bequem zu erreichen, auf einem Regal hinter mir stehen. Auch die alten Briefe, die sich in den Schubladen meines Schreibtischs befinden, können als Heizmaterial dienen. Vielleicht wäre es besser, wenn ich schon jetzt damit anfinge, diese Briefe ins Feuer zu werfen. Das Holz scheint, wie

mir sein Zischen anzeigt, feucht zu sein. Altes Papier aber brennt immer gut.

13.12. gegen Morgen. Ich muß eingeschlafen sein und etwas Schlechtes geträumt haben. Mein Gesicht ist von salziger Feuchtigkeit bedeckt. Es kann doch kaum sein, daß der Inhalt der Briefe, in denen ich vor dem Einschlafen gelesen habe, mich dazu bewegt hat, Tränen zu vergießen. Was in diesen Briefen stand, weiß ich bereits nicht mehr. Es ist aber möglich, daß es Liebesbriefe waren. Jedenfalls ertappte ich mich dabei, daß ich, kaum aufgewacht, in den Flammen herumstocherte, um ein paar dieser mit Schriftzügen bedeckten Papierfetzen herauszuziehen. Ich möchte gewisse Worte noch einmal lesen.

Ich kann nicht mehr schreiben. Ich war bei meiner kindischen Suche nach einigen halbverbrannten Briefbogen unvorsichtig, vielleicht haben auch die Mullbinden an meinen Füßen Feuer gefangen. Jedenfalls schwelen meine Beine bis zu den Knien, und ich habe nicht mehr die Kraft, sie aus den Flammen zu ziehen. Obwohl ich nicht den geringsten Schmerz empfinde, muß ich doch eben einen furchtbaren Schrei ausgestoßen haben. Auf diesen Schrei hin ist es im Haus lebendig geworden, es wird geklingelt und geklopft, jetzt schlagen sie sogar die Wohnungstür ein. Schönes Feuer, liebes Feuer, alter Vulkan aus der Tiefe der Erde, zieht mich heraus aus den Flammen, ich bin doch hin. Ich bin nicht unsterblich, ich weine, und meine Finger krampfen sich um einen Fetzen Papier, auf dem das Wort Liebe steht.

Schrecklicher noch

Deine Ferne ist ungeheuer
(Wir hörten so
Von Sternennebeln die fliehen)
Aber schrecklicher deine Nähe
Deine heimliche Gegenwart
Deine Schritte
Dein Atem
Deine geflüsterten Worte
Dein Schrei um Hilfe.

Wo

Wo. Bei den winzigen Schneckenhäusern
Im knöchernen Distelgezweig
Der sizilischen Hügel
Oder im Dunststreif
Künstlich fontänengleich
In den Äther geführt
Von der rasenden Staffel.
Im Hochmoor
Im wächsernen Wollblumenhaupt
An dem ich vorübergehe
Weinend nichtsahnend.
Im Lichtfleck
Der hinstreift nachts
An der Wand meines Zimmers.
Im Libellenflügel der surrt
In der Glocke die hämmert.
Du
Überall Nirgends.

30. Mai

Es fällt mir auf, daß ich dich nicht mehr anzureden wage, nicht mehr mit du anzureden wage, was ich doch in früheren Aufzeichnungen arglos getan habe. Soll dies bedeuten, daß du für mich nicht mehr begreifbar bist, auch nicht mehr fähig einzugreifen, verschwunden, entrückt. Dabei vergeht kein Tag, keine Tageszeit, in der ich nicht an dich denke, und meine Einsamkeit ist, trotz meines geselligen Lebens, kaum zu ertragen, am ehesten noch hier, wo ich dir ein Zuhause so lange erhalten habe, aber vielleicht auf die Dauer doch nicht erhalten kann. Weswegen ich wahrscheinlich auch versuche, Dinge zu beschreiben, wem zeige ich sie, doch nicht wirklich den erdachten Besuchern, sondern dir, um dich zu halten, aufzuhalten, zurückzuhalten, bis es so weit ist, daß ich dir folgen kann. Ich habe, seit ich von der Flucht der Sternensysteme im Weltraum gehört habe, eine kindische Vorstellung von einer Flucht der Seelen, die sich zuerst langsam, dann immer schneller von der Erde entfernen, deswegen der Wunsch aller Liebenden zusammen zu sterben, der Scheiterhaufen, auf den die indische Witwe sprang. Vieles hat sich schon zwischen uns geschoben seit dem strahlenden Septembermorgen, an dem dein Schlaf in einen andern, unabänderlichen überging, wie viele Jahreszeiten, Landschaften, Gesichter und Ereignisse, auch das sogenannte Weltgeschehen, von dem, wie wir überzeugt sind, die Toten nichts erfahren. Die alten täglichen Fragen, was sagst du zu dem und jenem, was sagst du zu de Gaulle, zum Ost-West-Gespräch, kann man schon nicht mehr stellen, der gescheite Gestorbene ist dümmer als der dumme Lebendige, der mit neuen Nachrichten täglich gefüttert wird. Daß die Toten zugleich auch klüger sind, eine andere Art von Kenntnis und Erkenntnis mit Löffeln gegessen haben, ist nicht zu bezweifeln, sie geben aber keine Auskunft, es sei denn auf die kindischste aller Frauen- und Männerfragen: Liebst du mich noch? Da dröhnt und hämmert die Antwort in den Nächten wie eine mediterrane Glocke: Ja, ja, ja, ich liebe dich, ich liebe dich noch. Dabei hätte man doch gelegentlich gern auch Ratschläge, zum Beispiel ich in meiner Lage, soll ich mich anklammern, mich und damit auch dich am Leben erhalten, oder loslassen, das Haus loslassen, um das ich, nachts riesengroß im Hof hockend, meine Arme schlinge, behalte ich dich damit bei mir oder stoße ich dich fort, immer tiefer in die Zeitlosigkeit, in der ein Sichwiederfinden der Seelen so schwer vorstellbar ist. Daß ein Gestorbener zuerst nah, dann fern und immer ferner ist, erfährt jeder Zurückgebliebene, er rätselt aber an dem Zeitmaß solcher Seelenflucht unaufhörlich herum. Wenn ich wann sterbe, kann ich dich noch einholen, wie lange erkennst du mich noch, willst noch etwas von mir wissen, treffen wir uns womöglich erst im Unendlichen, wo nicht mehr die persönliche Liebe, sondern nur die Liebe an sich, als ein Teil des göttlichen Wesens, gilt. Warum hast du, da du mich doch liebtest, in all der Zeit nicht versucht mich nachzuziehen – das denke ich oft, dachte ich auch heute, und die romantischen Verse von Robert Frost fielen mir darüber ein. »The woods are lovely, dark and deep / but I have promises to keep / and miles to go before I sleep / and miles to go before I sleep.« Die Versprechen, die ich zu halten, und der eine Mensch, den ich so lange es möglich ist, nicht zu verlassen habe, stehen mir deutlich vor Augen. Es erschreckt mich nur, daß ich dich unter Umständen nicht mehr einholen, nie mehr einholen kann.

Dein Schweigen

Du entfernst dich so schnell
Längst vorüber den Säulen des Herakles
Auf dem Rücken von niemals
Geloteten Meeren
Unter Bahnen von niemals
Berechneten Sternen
Treibst du
mit offenen Augen.

Dein Schweigen
Meine Stimme
Dein Ruhen
Mein Gehen
Dein Allesvorüber
Mein Immernochda.

20. April

Merkwürdig, daß der Witwenstand, ganz abgesehen von dem persönlichen Verlust und dem persönlichen Alleinbleiben, als eine Art von Demütigung fast überall empfunden wird. Familienstand: ledig, verheiratet, geschieden, verwitwet, nicht Zutreffendes zu durchstreichen, ich kenne keine Frau, die das Wwe. als einen Ehrentitel empfände. Es scheint schon dem Überlebenden etwas Anrüchiges anzuhaften, etwas von üblem Lebenswillen und Lebenstrotz, zugleich auch etwas Verächtliches – sie hat ihren Mann verloren, wir haben unsere Männer noch, fahren zusammen ins Grüne, gehen zusammen durch die Straßen, das kommt doch nicht von ungefähr. Tatsächlich haftet jeder Witwe etwas von einer Gattenmörderin an. Weswegen sie denn auch, immer vorausgesetzt, daß sie keine eigene Arbeit, keinen eigenen Freundeskreis hat, gestraft wird mit Vernachlässigung, gnadenhaften Einladungen, aber es gibt, dank der höheren Lebenserwartung der Frauen, so viele Witwen, so viele Bruchstücke, mit denen man sich sein Wohnzimmer nicht voll setzen mag. Sie sind zudem selten ganz normal, vielmehr sonderbar, sprechen ununterbrochen von ihrem Verewigten, oder überhaupt nicht, sehen sich aber auch dann mit Gieraugen um, sagt doch etwas, sprecht über *ihn*, er kann doch für euch nicht ganz tot sein, wie oft hat er hier gesessen oder gestanden, die Hände in den Taschen, an eure Bücherwand gelehnt. Warum tut ihr so, als ob es ihn nie gegeben hätte, warum erkundigt ihr euch nicht, wie ich alleine zurecht komme, ich komme niemals zurecht. Witwen und Verheiratete, das geht nicht zusammen, schon weil Witwen so etwas sind wie ein ewiges Memento mori, weil man ihnen allerhand böse Wünsche zutraut, sei nur nicht so stolz auf den Herren Gatten, eines Tages bleibst du auch allein. Die Witwen zuhause zu besuchen ist auch lästig, da ist unter Umständen das Zimmer des Mannes seit seinem Tod unverändert geblieben, kein Gegenstand verrückt, die angebissene Semmel, verstaubt nun, auf einem Tellerchen, Abdruck seiner Zähne, daneben der letzte ihm auf den Schreibtisch gestellte Blumenstrauß, Verdorrtes in grüngelbem, schleimigem Wasser, im Sofakissen eine kleine Kuhle, sein letzter Mittagsschlaf, pomadenglänzend, und die Schubladen noch alle voll mit seinem Kram. Oder auch ganz anders, die Schubladen leer, die Schränke leer, alles schon in der ersten Woche verschenkt oder verkauft, Großreinemachen, neue Tapeten, neue Möbelbezüge, was etwa noch gefunden wird, eine Brille, ein altes Taschenmesser, kommt in den Mülleimer, alle Gegenstände haben den Geruch des Todes angenommen, der muß aus dem Haus. Verrücktheiten so oder so, Unsicherheiten der Witwenschaft, in der man wie auf Eis geht und dazu noch im Nebel, in dem sich nichts mehr überblicken läßt und nichts von sich selber versteht. So daß den Witwen, selbst den vielfachen Müttern und Großmüttern nichts übrigbleibt als ein Schattendasein, so resolut sie sich auch gebärden mögen, so sehr manche von ihnen nach einigen Jahren das Selbstbestimmenkönnen genießen. Wunde Schatten, tatkräftige Schatten, irrsinnige, irr-sinnende auf jeden Fall.

Früchte des Winters

Meine Einsamkeit ist noch jung, ein Kind.
Weiß nicht wie man Schneehütten baut
Wie man sich birgt in der Höhle.
Die Inseln auf denen ich mich ansiedeln will
Verschwinden gurgelnd im Wasser.
Jeden Tag bebt die Erde
Jede Nacht
Kommen die Winde
Meine Widersacher
Zerreißen die Hecke
Aus Traumblume Mohn.

Zu Kundschaftern taugen
Die nicht mehr kennen
Worte der Liebe und
Worte des Willkomms.
Auf ihrem verlorenen Posten
Bleiben sie stehen
Rufen werda
Und reden mit Geistern.

Wenn der Tod sie anspringt
Frostklirrend
Aus schwarzem Gebüsch
Fallen sie ihm entgegen
Früchte des Winters
Umstäubt
Von diamantenem Schnee.

Gute Nacht

Am letzten Tag sitzt Mannundfrau zusammen
Am Tische und sagt, man darf nicht dergleichen tun,
So halten wirs auf. Man muß essen und trinken wie immer,
Und die Teller abwaschen und alles an seinen Ort.
Und wollten wir nicht, sagt Mannundfrau nach Tisch,
Die Geranien umpflanzen, sie haben zu wenig Erde.
Also pflanzt Mannundfrau die Geranien um
Und schafft noch dieses und jenes. Um achtzehn Uhr
Fängt es an, aus den Mündern zu fließen, eine alte, uralte
Erinnerung. Die übertönt Mannundfrau
Mit Musik aus dem Rundfunk und schafft noch dieses und jenes.
Um neunzehn Uhr, wenn es dunkel wird,
Stößt Mannundfrau das Fenster auf, will schreien,
Zornig und furchtbar wie ein Adlerpaar.
Aber es preßt sich selbst die Kehlen zu,
Ißt zu Abend, wäscht ab, deckt die Betten auf.
Nur daß es nicht dazu kommt, sich hinzulegen,
Denn es gibt keine Nacht mehr,
Keine Nacht mehr für Mannundfrau,
Keine gute Nacht.

Ich und Ich

Mein Ich und Ich
Eines steht aufrecht
Faßt noch ins Auge
Greift noch die Handvoll
Spürt noch den Hundsschweiß
Den Winterbiß.

Eines schon lange
Zur Wand gekehrt
Liest auf dem Mörtel
Die Flugschrift der Träume
Sieht ein durchscheinendes
Wandernd ein Licht.

Ich sagt zu Ich
Harre aus.
Ich fragt Ich
Wem zuliebe?
Ich sagt zu Ich
Bring zu Ende.
Ich fragt Ich
Warum?

Ich der Fisch
Ich die Reuse
Ich der Apfel
Ich das Messer
Ich das Maiskorn
Ich die Henne
Ich der Faden
Ich die Nadel.
Ich die Nadel fängt den Faden
Zieht den roten
Kettenstich.

Juni

I

Über den Tod geht nichts
Kein Springbrunnenstrahl überspielt ihn
Keine Musik deckt ihn zu.
Er ist wenn er ausholt richtig und richtig zuschlägt
Ein gewaltiger Zerstörer.

Mit ihm in Beziehung gebracht
Sind Aufgaben Kinderrasseln
Und Pflichten Halme aus Stroh und Seifenblasen.
An einen Leichnam gebunden
Verbrennt wer will oder nicht
Und fliegt mit der weißhäutigen Asche.

Einige geben sich Mühe
Über das Wort ich
Und das Wort mein
Und das vergebliche Wort
Meine Zukunft.

Andere
Nach zehntausend Tagen Du und Du
Zurückgekehrte
Woher sie gekommen
Zum Ufer des Teiches
Versuchen das Schluchzen des Schlammes
Das Mückengesumm.

Aber das Wasser hat eine starre Haut
Der Wildbusch besetzt sich mit Dornen
Der Weidenbaum sperrt sich
Läßt seine Dryade nicht ein.

Nur die vergeßliche Luft
Die sich zu allem hergibt
Gab sich mir her zum Haus
Empfing mich mit singenden Drähten und
  Reiseschwalben
Steckte mir die verlorene Feder ins Haar.

II

Einen Körper zuweilen
Leih ich mir aus
Da sitzt er zwischen den Freunden
Seine Hand macht Gebärden
Sein Mund sagt Worte
Ich entferne mich lautlos.

Wer überallhin kann
Will nirgendswohin
Wer frei ist erfindet ein Gitter
Aus Schatten und Mondstrahl.

Ein Windlicht steck ich mir an
Ein Freudenlicht
Mir heimzuleuchten
Wer weiß
Wieviel Wendungen noch der Weg hat.

Juni mein Monat
Mit Fingerhut weißem Holunder
Ein Glühlicht aufleuchtend erlöschend
Am Wiesenrand Waldrand
Und die Glücklichen denken ihm nach.

Ich baue für uns eine Traumstadt, da wollen wir uns treffen, hohe, schönfarbige Gebäude, vielfenstrig mit Dachterrassen, Dachgärten, mit viel Land zwischen ihnen, Parks, wie in London, voll Schafherden, mit Pinienwäldern, wie in Rom zu Goethes Zeit. Mit Türmen und Seen, Schwebebahnen und Riesenzelten, an Masten aufgehängt. Gefällt es dir? frage ich und deute auf die kleinen Wälder und auf die Ladenstraßen, die Bazare mit kupfernen Krügen und silbernen Schüsseln, die roten und blauen Teppiche, die Glasmalerei. Ich gehe mit dir auch durch die Passagen, durch die Spielstraßen, man drückt auf einen Knopf, und Musik begleitet einen, umgibt einen überall. War es nicht das 5. vorchristliche Jahrhundert, das dich zuletzt interessierte, früher die Sumerer, die Ägypter, die Etrusker, alles Archaisch-Mittelmeerische, aber ganz zuletzt die Klassik, das Geheimnis der Klassik, tritt ein, zieh den Vorhang zurück. Den Torso aus parischem Marmor kennst du nicht, sie haben ihn aus dem Meere gezogen, da warst du schon tot. Gefällt es dir? frage ich und deute auf den Torso und später auf die alte, sorgfältig am Leben erhaltene Dorflinde und auf die Sternwarte und auf die Schulhöfe mit ihren lustigen Mosaiken. Aber deine Augen sind leer.

Wir ihr

Wir bis zur Sohle eingehüllt in Haar
Das nach dem Tode wächst
Setzen ein Schreiben auf
An welchen es angeht
Ebenso zehntausend Briefe
Herzlicher Warnung
Während der Friedhofsgärtner
Die Rosen auf unsere Brust setzt.
Unzählige Male rufen wir
Durch die Flötenrohre der Gräser
Ihr, ihr.
Euch kitzelt's im Ohr wie ein altes Werdenktanmich
Wie das Geschwätz der Zikaden.

Später dann sagen wir nichts mehr
Nicht einmal das:
Wir haben den Frieden.
In Ungewißheit lassen wir euch
An die Landkarte treten wir nicht
Deuten auf einen Flecken
Hier folgst du.
Keine Ratgeber sind wir fortan
Und keine Tröster.
Wir geben nicht Kenntnis von dem was einmal wird
Wir verhalten uns außerordentlich still.
Wir stehen und fallen
Nicht
Mit eurer Liebe.

In Frankfurt, in Rom, im Breisgau und auf Reisen, was mich da immer wieder quält, alle Tage und Jahre, nun schon mehr als ein Jahrzehnt nach deinem Tod: der Gedanke, daß du dich, zuerst langsam, dann mit wachsender, schließlich rasender Geschwindigkeit von mir entfernst, so daß zu den täglichen Wegen (an den Briefkasten, zur Post, zum Kaufmann, oder, auf dem Dorf mit dem Hund zum Waldrand, am Friedhof vorüber), so daß zu diesen Wegen ein anderer kommt, eine Art von Flugweg, sich abstoßen vom Rand der Erde und schweben, übrigens ohne Schwimm- oder andere Bewegungen, vielmehr rauschend wie eine Rakete, und bald ist die große Schwärze erreicht. Daß die Toten schneller reisen als alle Raketen, stellt sich heraus, ich erreiche den Toten nicht, finde ihn nirgends, muß umkehren oder werde umgekehrt, ehe mich der Atem verläßt. Ich versuche es immer wieder, es liegt mir viel daran, dort, im Grenzenlosen, nicht allein zu sein eines Tages, nicht ohne ihn. Ein Zwiegespräch zwischen einem eben Gestorbenen und einem, der schon viele Jahre lang tot ist, habe ich einmal aufgeschrieben, der Dialog ist, mit elektronischen Klängen versehen, vom Rundfunk produziert worden. Da geschieht es, daß eine eben erst Gestorbene einen lang schon Toten einholen kann, weil sie alles Irdische vergißt und statt der Liebe die ewige Liebe begehrt. Eine Art von Wunschtraum also, aber doch ein tieftrauriger. Denn wenn ich wählen könnte zwischen der körperlichen Wiederkehr dieses einen Menschen und dem Aufgehobensein im Ewigen Schutzmantel, würde ich, ohne zu zögern, nach der irdischen Gegenwart verlangen. Im Gegensatz dazu wird sein Bild immer undeutlicher, auch den Klang seiner Stimme kann ich nicht mehr herstellen, das ist mein größter Schmerz.

Windvolk

Freizügig sind die Verlassenen
Windsbräute Windraub.
Ihre Türen stehen offen Tag und Nacht.
Wenn sie sitzen im Auge Gottes
Unter Kastanienzweigen
Prasseln die Früchte. September.
Welcher September?

Meine Nachrichter sagen mir an
Taifune mit lieblichen Mädchennamen
Windhosen schwarze hineilend übers Wasser
Und den Rauchpilz der aufsteigt
Vom Brennesselland
Zu den wankenden Sternen.

Am Baugerüst klappern die Lampen
Lötkolbenfeuerwerk sprüht
Die Bänder am Richtkranz jubeln:
Steht das Haus, kommt der Tod.

Wir Verlassene immer
Im Zustand Verwunderung.
Es leuchtet am Horizont uns
Die Rosenglut Weißglut
Kommender Zeiten
Aber im Rücken
Weht Sandkorn zu Sandkorn.

Im Morgenrot werden
Durch Lachen und Händeklatschen
Menschen erschaffen. Windvolk.
Das versteht nicht zu säen, erntet nicht.
Tanzt –

Schreibend

Schreibend wollte ich
Meine Seele retten.
Ich versuchte Verse zu machen
Es ging nicht.
Ich versuchte Geschichten zu erzählen
Es ging nicht.
Man kann nicht schreiben
Um seine Seele zu retten.
Die aufgegebene treibt dahin und singt.

Anders

Will sich nicht mehr behaupten
Armes Haupt.
Fällt in den Nacken
Zählt das Schilf am Himmel
Und die Fischerlichter die Sterne.
Sinkt auf die Brust
Da ticken die Warnsignale
Eine bündige Sprache.

Wer endete seine Musik
Noch mit vollem Akkord
Oder gar mit Posaunen?

Wir haben gesungen
Die Katze hat uns geholt.
Jetzt singen wir wieder
Sagen noch manchmal
Du Meer
Du Liebe
Aber anders
Mit kleinerem Atem.

Eines Tages bin ich zurückgekommen, zurück woher, davon werde ich später sprechen, jetzt nur so viel sagen, daß ich fort war, lange und weit fort. Wenn Sie wissen wollen, wer hier spricht, welches Ich, so ist es das meine und auch wieder nicht, aus wem spräche immer nur das eigene Ich. Eine Beschreibung kann ich nicht liefern, auch keine Angaben machen, ausgenommen die: besondere Kennzeichen keine, ein Zeitgenosse also, genauer gesagt, eine Zeitgenossin, großäugig (damit ich dich besser sehen kann), großohrig (damit ich dich besser hören kann), stark und hinfällig wie wir alle und wie wir alle jung und uralt. Ein Sack voll Erinnerungen, die nicht gehütet, voll Erfahrungen, die nicht genützt werden, ein Plappermaul, das nicht schweigen will, ein altes Weib, und was gibt es Schlimmeres, aber auch eine Sängerin, eine Tänzerin aus dem Geschlechte Jubals, wie der hochmütige Kain. Jemand also drehte mich um, als ich schon im Begriff war, ganz zu verschwinden, tatsächlich hatte ich die Erde aufgekratzt, um dir zu folgen, und war mit Trauer unter den Nägeln zurückgeblieben, denn die Erde hatte sich gesperrt. Der Jemand führte ein Telefongespräch mit mir, seine Stimme war mir unbekannt, seinen Namen kannte ich nicht. Das Telefongespräch fand am 12. September eines nun schon weit zurückliegenden Jahres statt, morgens um neun Uhr, der Mann sprach gewiß zehn Minuten lang, und was er sagte, war so befremdlich, daß ich glaubte, er habe falsch gewählt.

Schon aus seinen ersten Worten ging hervor, daß er mich für eine Schriftstellerin hielt. Ich widersprach, ich war gar nichts und gar niemand, nicht einmal eine edle Trauernde, der Schmerz verdummt, der Schmerz vertiert. Er bestand auf seiner Meinung, rief mir auch einige Buchtitel ins Gedächtnis zurück, die mir zwar nicht unbekannt waren, die in mir aber keineswegs ein freudiges Erstaunen, sondern Widerwillen erregten. »Mag sein«, sagte ich, »aber ich schreibe nicht mehr, denn ich sehe nichts mehr und höre auch nichts mehr, wenn Sie wollen, kann ich Ihnen eine andere Adresse geben.« »Mein Auftrag ist für Sie persönlich«, sagte der Mann. Er sprach dann sehr schnell, eine Gelegenheit, ihn zu unterbrechen, bot sich nicht mehr. »Haben Sie mich verstanden?« fragte er am Schluß. »Nein«, sagte ich. »Sie hören von mir«, sagte er. Tatsächlich hörte ich bereits am nächsten Tag von ihm, wenn auch nicht durch das Telefon. Ich erhielt ein Telegramm, das als dringend bezeichnet war und für das der Bote die drei Treppen zu meiner Wohnung in bedrohlichen Sprüngen nahm.

Es versteht sich, daß die Gebrechen, mit denen ich mich dem fremden Anrufer gegenüber herauszureden versuchte, nicht wörtlich zu nehmen sind. Ich hatte die letzten drei Jahre hindurch ein ziemlich normales Leben geführt, und wie ja auch Schwerhörige und Schwachsichtige im Verstecken ihrer Mängel eine gewisse Virtuosität entwickeln, war ich geschickt genug gewesen, mir nicht anmerken zu lassen, daß kein an mich gerichtetes Wort mich erreichte, daß kein in meine Augen fallendes Bild bis auf den Grund meines Bewußtseins drang. Ein weltaufgeschlossener Mensch macht, seines eigentlichen Lebensinhaltes beraubt, nicht plötzlich ein finster diabolisches Gesicht, er behält die Gesten seiner früheren Person bei, trägt sogar ihr Lächeln zur Schau. Obwohl ihn selbst nichts mehr angeht, berücksichtigt er doch noch, was die andern angeht. Mit der Maske seines früheren Wesens getarnt, läßt er seinem Stumpfsinn, seiner Gleichgültigkeit den weitesten Raum. An Beschäftigungen, die auch von einem Krüppel ausgeführt werden können, fehlt es bekanntlich nicht.

Schenke der Quelle

Trag ihn zurück
Den nicht mehr gebrauchten
Den Liebesmund
Und die Liebeshände
Die nicht mehr gebrauchten
Trag zurück.

Zurück in den Wald
Die ziellosen Flüsse
Die Augen die nicht mehr sehen
Was sie erfreute
Die Ohren in denen das Meer
Zum Schweigen kam.

Schenke der Quelle
Deine begierigen Augen
Deine freudigen Flüsse
Deinen zärtlichen Mund.

Alles nur Ausgeliehene
Trag zurück in den Wald
Wo er am tiefsten ist
Am verschwiegensten
Schwarz und grün
Voll rinnendem Wasser.

Reise nach M., steht in meinem Merkbuch, aber das ist wenig, wenn man bedenkt, daß ich auf dieser Fahrt eigentlich zum erstenmal wieder etwas ins Auge faßte, gierig, wie man in Notzeiten ein schlechtes Essen mit Heißhunger, aber auch mit Ekel verschlingt. Der für mich bestellte schweigsame Chauffeur fuhr überaus schnell, so daß ich glaubte, mit aufpassen zu müssen, wenn ich mir auch keinen Einwand gestattet hätte. Bei dem im sinkenden Abend recht geisterhaften Begegnen, Überholen und Vorbeilassen völlig anonymer, aber von Menschen gelenkter Fahrzeuge überkam mich tatsächlich etwas wie Übelkeit, aber auch eine mir ganz fremd gewordene Neigung, alles auszukosten und aus dem beständig wechselnden Kraftfeld selbst eine Kraft zu ziehen. Von meinem über der Landschaft hinfließenden Asphaltstreifen sah ich nicht nur diese, eine Stadtlandschaft übrigens, mit auf dem Acker stehenden Hochhäusern, Trabantensiedlungen, Gasanstalten und Funktürmen, sondern auch die dazwischen gelegten Reststücke der Natur, Flußtälchen und Wiesenstreifen, aus denen, als seien nur gerade sie noch der Verschleierung zugänglich, ein feiner Nebel sich erhob...

Es ist mir wichtig, noch einmal zu sagen, daß ich natürlich an jenem Abend nicht zum erstenmal auf einer Autostraße, oder wie der richtige Name lautet, auf einer Autobahn fuhr. Ich war nur während der vergangenen Jahre bei solchen Anlässen gewissermaßen nicht anwesend, ich bestand aus lauter krüppelhaften, unfertigen Stümpfen: Hände ohne Finger, Füße ohne Zehen, Gesicht ohne Augen und Nase, alles eingezogen, wie etwas, wofür man keine Verwendung mehr hat. In diesen Zustand fiel ich noch verschiedentlich zurück. Am selben Abend, und zwar kaum daß ich in der mir fremden Stadt und vor einem großen, grauen Gebäude den Wagen verlassen hatte, starben meine Organe wieder ab und ließen nur ein leises Kribbeln, eine mir bisher unbekannte Nervenerregung zurück. Ich kann infolgedessen nicht sagen, welcher Art das Gebäude, dessen Treppe ich jetzt zögernd hinaufstieg, war. Der Geruch war der einer altmodischen Schule, Sandstein, nasse Kindermäntel, Kinderleiden, und eine grelle und zugleich schnarrende Klingel trieb mich am Ende mit Riesenschritten der erleuchteten Halle zu. Wenn ich geglaubt hatte, hier von meinem Auftraggeber empfangen zu werden, so sah ich mich gleich getäuscht. Aus den plaudernd herumstehenden Gruppen von Menschen, Erwachsenen, nicht Kindern, löste sich keine Gestalt, niemand schien mich zu erwarten, niemand sprach mich an. Ich folgte schließlich den langsam, fast unwillig einer breit geöffneten Tür Zustrebenden und trat in einen kaum zur Hälfte gefüllten Saal. Obwohl doch offensichtlich niemand in mir die Rednerin vermutete, wurde gleich nach meinem Eintritt die Türe hinter mir geschlossen. Ich ging zum Podium, eine plötzliche Angst, am falschen Orte und also eigentlich gar nicht vorhanden zu sein, schnürte mir die Kehle zu. In meiner Erregung begann ich, schon vortragend, auf dem langen Podium hin und her zu wandern und bemerkte dabei in der ersten Reihe das runde Gesicht eines jungen Menschen, der mit ratlosem Blick meine Schritte verfolgte, so wie etwa die Zuschauer in Wimbledon ihre Köpfe nach den hin- und herfliegenden Bällen mit mathematischer Pünktlichkeit drehen. Erschrocken blieb ich am Pult stehen und las das weitere ab. Da ich lange nicht öffentlich gelesen oder gesprochen hatte, bemühte ich mich vor allem um das Mechanische, so als hinge von einer glatten Hervorbringung der Wörter und Sätze alles ab – tatsächlich gibt es da Fallstricke und Hindernisse genug. Was ich las, war mir fremd, wie aus einem anderen Leben oder von einem anderen Menschen geschrieben, eine abgeworfene Haut, die bereits stank. Der Beifall war denn auch matt, ein Ausdruck der Höflichkeit, weiter nichts. Ein Zusammensein mit den Veranstaltern oder Einladern, wie es bei späteren Vorträgen beinahe zur Regel wurde, fand an jenem Abend nicht statt. Der Chauffeur erwartete mich in der Vorhalle und brachte mich in seinem Wagen heim. Es hatte inzwischen geregnet und regnete noch, ein starker Wind jagte das Wasser in Böen über die Straße, in der fast vollkommenen Finsternis trieben die roten Schlußlichter der eilig hinhuschenden Wagen ein dämonisches Spiel. Der Chauffeur hatte am Armaturenbrett eine Plakette befestigt, auf der, von einem Blumenkränzchen umrahmt, die Worte »Pappi, fahr langsam« standen. Ich fragte ihn nach seinen Kindern, aber es erwies sich, daß er keine hatte, nicht einmal verheiratet war.

Nicht nur mit meinem bescheidenen Kleinrentnerinnenleben, sondern auch mit meiner stillen Todessehnsucht war es in diesen Wochen schon völlig vorbei. Von meinem Schreibtisch aufblickend, sah ich das Bild des Mannes, den ich verloren hatte, meines Mannes, wie ich zu seinen Lebzeiten arglos zu sagen pflegte, aber jetzt kam mir das Wort nicht mehr über die Lippen. Die Zeit, da ich ihn besessen hatte, war lang gewesen, aber die Ewigkeit war länger, aus ihr war er hervorgetreten, ihr gehörte er wieder an. Das Bild stammte aus dem Hungerjahr 1945, auf eine unheimliche Weise hatte der Maler die Leichenblässe, die dämonische Fremdheit seiner letzten Tage vorweggenommen, kalt und feindlich sah mich der Sterbende an. Die ganze Zeit über hatte ich mich seinem Blick gestellt, jetzt wich ich ihm aus, suchte die Photographien späterer, reicher Jahre und legte auch diese beiseite, da ich ja noch immer umarmen wollte, während doch das Abbild, wie das Nachleben eines Toten, eine Fläche ist, die niemand umarmen kann. Das große Bild, das in mir die entsetzliche Vorstellung erweckte, du seiest an meiner Seite den Hungertod gestorben, stellte ich weg, stand aber jetzt während des Arbeitens oft auf, ging umher und betastete die Gegenstände, die deine Hände berührt hatten, und fand mich allein, ein Gefühl, das ich kaum gehabt hatte, als ich noch unbeschäftigt, das heißt, nur mit dir beschäftigt gewesen war. Ich sah jetzt auch manchmal in den Spiegel, fand mein Gesicht unstet, meine Augen koboldhaft und überlegte, was aus Frauen wird, die ein Menschenalter lang in der Liebe wie auf festem Boden stehen und die dann, verlassen, wieder flüchtig werden – wie ihre Haare, beständig gegen den Strich gekämmt, zu sprühen anfangen, wie sie irrsinnig kichern, wie der Teufel einzieht in ihren einsamen Leib. Aus solchen Gedanken rettete ich mich in meine neuen bescheidenen Beschäftigungen zurück, schrieb auch an meine weit entfernt wohnende Tochter, brüstete mich mit meiner Tätigkeit und bekam Briefe, in denen sie auf das lebhafteste begrüßte, daß ich an der Welt wieder Anteil nahm. Dabei ging ich doch noch immer unsicher wie auf einer nassen und glatten Eisfläche, über die der Wind pfeift und unter der mit Baumkronen, Dächern und Gartenzäunen ein überschwemmter Landstrich schattenhaft zu sehen ist. Oft hörte ich in meinem behaglichen Zimmer ein flatterndes, scharrendes Geräusch, wenn ich aber das Fenster öffnete, blieb alles still, und kein Seelenvogel flog mir über die Schulter auf die nächtlichen Pappeln zu.

Meine Neugier

Meine Neugier, die ausgewanderte, ist zurückgekehrt.
Mit blanken Augen spaziert sie wieder
Auf der Seite des Lebens.
Salve, sagt sie, freundliches Schiefgesicht,
Zweijährige Stimme, unschuldig wie ein Veilchen,
Grünohren, Wangen wie Fischhaut, Tausendschön
Alles begrüßt sie, das Häßliche und das Schöne.

Gerade als hätte ich nicht schon längst genug,
Holt sie mir meinen Teil, meinen Löwenteil,
An dem, was geschieht, aus Häusern, die mich nichts angehen.
Ein Ohr soll ich haben für jeden Untergang
Und Augen für jede Gewalttat.

Die schönste Abendröte kommt dagegen nicht auf,
Die zartesten Gräser sind machtlos.
Wie sehne ich mich nach der Zeit, als sie nichts zu bestimmen hatte,
Als ich hintrieb ruhig im Kielwasser des Todes,
In den milchigen Strudeln der Träume.

Vergeblich jag ich sie fort, meine Peinigerin.
Da ist sie wieder, trottet und hüpft,
Streift mich mit ihrem heißen Hündinnenatem.

Vergeblich beklage ich mich.
Was für ein schreckliches Lärmen,
Was für ein Gelauf und Geläute,
Was für eine Stimme, die aus mir selber kommt,
Spottdrosselstimme, und sagt,
Was willst du, du lebst.

Nur die Augen

Tauft mich wieder
Womit?
Mit dem nächstbesten Wasser
Dem immer heiligen.
Legt mir die Hand auf
Gebt mir den nächstbesten Namen
Einen geschlechtslosen
Frühwind- und Tannennamen
Für das letzte Stück Wegs.
Verwandelt mich immerhin
Nur meine Augen laßt mir
Diese von jeher offen
Von jeher tauglich.

In dem Maße, in dem es mir gelang, meine Umgebung immer deutlicher wahrzunehmen, kehrte auch mein Erinnerungsvermögen zurück. Bilder, die ich, um meinen jetzigen elenden Zustand nicht mit einem früheren glücklicheren vergleichen zu müssen, fortgeschoben hatte, tauchten auf und waren nicht nur erträglich, sondern sogar erfreulich, sommerlich leuchtend traten sie vor den grauen, spätherbstlichen Tag. So sah ich mich einmal am Almsee, einem kleinen schwarzen und stillen Gewässer unter den Steilwänden des Toten Gebirges, und in dem flachen Kahn, in dem wir uns fortzubewegen versuchten, wobei wir immer wieder in kreisende Strudel gerieten oder von Schilf und Tang festgehalten wurden. Ich sah auch die Bauernkapelle im Wirtshaus, die in runden schwarzen Hüten, weißen Hemden und roten Krawatten schmetternd und stampfend die süße Stimme der Einsamkeit zum

Schweigen brachte. Auch den Weg durch die Röll, einen Tannen- und Lärchenweg zwischen breiten weißen Kieselzungen wasserloser Wildbachbetten bis zum Grunde des Kessels, wo dann alles aufhörte, alle Töne verklungen waren. Dieses Wir, das es nicht mehr gab, wanderte da noch einmal, auch über den Feuerkogel im windgescherten Gehölz, saß vor dem leeren Café, wo die zerzausten Dohlen trübsinnig und wild auf den eisernen Stuhllehnen hockten, sah hinüber zum Dachstein, auf die makellosen Schneefelder mit ihrem blendenden Glanz. Fuhr über den Traunsee im heftigsten Gewitter, drängte sich von Wasserschleiern umweht mit andern Reisenden an die Maschine, wo die schwarzen und silbernen Kolben unverdrossen aus der Tiefe stiegen. Da war sie wieder, die schlafende Griechin, das waldbekränzte Felsenhaupt, Niobe oder Circe, da war der Berg Traunstein aus dem beinahe noch ebenen Land mächtig aufgereckt, eine Masse Stein mit magnetischer Anziehungskraft, und die Felswand, von der aus, nach einer Minute tödlichen Schreckens, Nikolaus Lenau den Abgrund fest ins Auge gefaßt hatte, »bis es mir schön wird, das Schreckliche«, ja, auch das fiel mir am Ende noch ein und schien mir kennzeichnend für eine Unerschrockenheit, die auch ich einmal besessen hatte, vielleicht auch für einen geheimen Wunsch, der all meinem neuen Ins-Auge-Fassen und Aufzeichnen noch immer zugrunde lag.

Ich muß auf das Thema der nächtlichen Wachtraumentfernungen noch einmal zurückkommen, um von einem zweiten, sehr anders gearteten Aufenthaltsort zu erzählen. Ich gehe da, sehr bald, nachdem ich den traditionellen Fingerschlag ausgeführt habe, an einer Gartenmauer entlang, und zwar bis zu einem einstöckigen, fensterlosen Gebäude, das ich durch eine einfache Eingangstür betrete. Während ich diese immer unverschlossene Türe öffne, weiß ich schon, daß das Haus innen in Schutt und Asche liegt. Ich muß es also jedesmal wieder aufbauen, was mir aber nicht die geringste Mühe macht. Es genügt, daß ich mir die Räume vorstelle, und schon sind sie da, schon ist auch die Aussicht vor den Fenstern, ein baumbestandener Abhang, der tief unten in einen Park übergeht, da. Die Holzvertäfelung des mäßig großen Wohnzimmers ist weiß, die Wände sind von einer eher dunkeln, von mir nie ganz ergründeten Landschaftstapete bedeckt. Neben dem Wohnzimmer liegt ein Schlafzimmer mit weißen eingebauten Schränken und einem breiten französischen Bett. Das Badezimmer ist mit einer rosa Wanne und rosa Delfter Kacheln ungewöhnlich luxuriös ausgestattet. Auf der rechten Seite des Wohnzimmers befindet sich eine Tür, von der ich weiß, daß sie in das Arbeitszimmer meines Mannes führt. Ich sehe auch dieses Arbeitszimmer vor mir, die Bücherwände, den Schreibtisch, der am Fenster steht und an dem mein Mann, mir den Rücken zuwendend, sitzt. Wie alle Räume und Einrichtungsgegenstände der vorgestellten Wohnung ist auch dieses Arbeitszimmer durchaus neu, kein Gegenstand, den wir einmal besessen hätten, kein Bild, kein Kissen, kein Kleid im Schrank. Kaum, daß ich die Wohnung betreten habe, richte ich das Essen und decke den Tisch, alles, was ich tue, zielt auf den Augenblick hin, in dem ich die Tür zu meines Mannes Zimmer öffne, um ihn zum Essen zu rufen. Es ist aber Hochsommer und heiß, vielleicht werden wir das Essen hinausschieben, um vorher noch in dem seltsam dunkelgrünen Teich zu Füßen des Abhangs zu schwimmen. Ich warte und warte, bin voller Vorfreude, beuge mich aus dem Fenster über die junge Baumwildnis, über den, wie ich weiß, in Wirklichkeit gar nicht vorhandenen, nur von mir erschaffenen Teich. Manchmal nähere ich mich der Türe, die zum Zimmer meines Mannes führt, aber ich öffne diese Türe nie. Vielleicht habe ich Angst, meinen Mann in seinem Zimmer nicht zu finden. Vielleicht auch sitzt er dort drinnen, lebt aber nicht, wendet, wenn ich eintrete, den Kopf nicht, ist nur eine Puppe, ausgestopft stumm...

Ein Traum fiel mir ein, am Morgen des 3. November, als ich ihn kurz notierte, wußte ich ihn noch ganz genau, jetzt, wenn ich versuche, ihn zu erzählen, werde ich lügen, etwas hinzufügen, etwas weglassen, ich kann nichts dafür. Das sind nur Tastversuche, ein Traum ist etwas Unfaßbares, er löst sich auf mit leichtem Brausen, wie ein Pulver, das man ins Wasser wirft. Es war kein angenehmer Traum, vielmehr ein Angsttraum, noch jetzt, wenn ich an ihn denke, fühle ich mich schlecht. Die Hühnerbaracken (ich werde sie später beschreiben) standen nicht an ihrem gewöhnlichen Platz, auf der Wiese hinter dem Haus, sondern jenseits der Straße auf dem Acker, in der Nähe der neuen Schule, man konnte von dort aus die großen Kastanien und die Dächer meines heimatlichen Hofes sehen. Ich wunderte mich über die Veränderung und darüber, daß die Ställe leer waren, auch auf dem Acker unter den Obstbäumen waren keine Hühner zu erblicken. In dem dritten der langen, niederen Ställe fand ich dich, du lagst auf dem grauen Sägemehl bleich wie auf deinem Totenbett, ob du angekleidet oder von Bettlaken umhüllt warst, dessen entsinne ich mich nicht. Deine Augen standen offen, du bewegtest die Hände, du sahst mich an. Mein Erstaunen war ungeheuer, auch mein Entsetzen, dich hier und am Leben zu finden, offensichtlich lagst du hier schon drei Jahre lang, ohne daß ich etwas davon gewußt hätte, immer im Zustand des Sterbens, niemand hat dich gepflegt, niemand dir zu trinken gebracht, vielleicht hatte dich die ganze Zeit über gar niemand gesehen. Aber du bist doch, sagte ich, das Wort war unaussprechlich, und du schütteltest den Kopf und sahst mich mutlos an. Ich kniete neben dir im Sägemehl und überlegte, wie so etwas hatte geschehen können, wie ich genarrt worden war mit Augenzudrücken und Kinnhochbinden, sogar den Wappenring hatte der Pfleger dir vom Finger gezogen und ihn unserer Tochter überreicht. Auch an das Begräbnis erinnerte ich mich genau. Wo warst du? fragtest du. Deine offenen Augen redeten, meine Hände, die dich streichelten, gaben Antwort, im Grunde war ich völlig ratlos, wußte nichts. Daß ich dich drei Jahre lang allein gelassen hatte, schien mir ebenso unausdenkbar, wie daß sich nun alles fortsetzen sollte, ewige Krankheit, ewiges Streicheln der kalten schweißbedeckten Hände, ewiger Tod. In all meiner Scham, all meinem Erbarmen suchte ich doch schon nach einem Ausweg, versuchte schon aufzuwachen und damit den Zustand der Vernunft wiederherzustellen, der dich zurückbettete unter die Parthenonreiter, spürte auch, als die Umrisse meines Zimmers endlich auftauchten, eine Erleichterung, so, als hätte man dich mir auf den Rücken geladen oder auf die Brust und ich sei nun wieder imstande, zu atmen und meine Glieder zu rühren. Danach freilich kehrte alles noch einmal zurück, das Entsetzen und das Erbarmen, auch die Frage, ob nicht doch alles, aber in einem anderen Sinne, wahr gewesen sei. Der ärztlich festgestellte Augenblick des Todes ist vielleicht nur irgendeiner aus der Geschichte der großen Einsamkeit eines Kranken, den man besucht und verläßt, er setzt sich fort in der Einsamkeit des Toten, den man auch in Gedanken besucht und verläßt. Jasminbüsche, Abendrot, oh, diese Liebessucht, Lebenssucht, die sich schon vor dem Ende einen neuen heilen Gegenstand sucht. Auf solche Dinge muß sich auch unser nicht einmal im Traum laut gewordenes Gespräch im Hühnerstall bezogen haben, stumme Anklage und stumme Verteidigung, nein, ich habe dich nicht verlassen, doch, du hast mich verlassen – und das hatte ich auch, zumindest in diesen allerletzten Wochen, getan. Ich war spazierengegangen, herumgereist, hatte die Augen offengehalten, alles in der geheimen Absicht, das Leben wieder lieben zu lernen, ein Verhalten, das mich jetzt aufs äußerste erschreckte. Ich bin infolgedessen an diesem Tag nicht ausgegangen und habe sogar die Läden heruntergelassen, um die schmalen, messingfarbenen Pappeln nicht zu sehen. Ich habe mir vorgestellt, daß unter Umständen alle Toten wie Kranke in Krankenhäusern warten, Besuchsstunde, Blumen, jetzt muß ich aber wieder gehen – und die Lebensbegierde, Jasminbüsche, Abendrot, flackert schon durch den letzten, schmerzlichen Blick...

Wie schnell man sich daran gewöhnt, wieder dazusein, zu sehen, zu hören, zu empfinden und den Anforderungen der Menschen zu entsprechen. Von der freudigen Erwartung, mit der ich mein neues Leben begonnen hatte, war bald nicht viel übrig, und fast sehnte ich mich nach meinem früheren Zustand der Stumpfheit, der Leere zurück. Wenigstens hatte ich in diesem Zustand ein Wohlgefühl gekannt, ein plötzliches grundloses Hochschweben, im Einklang mit mir selbst sein, vielleicht dir nahe, zugleich animalisch und sublim. Von solchen Stimmungen war jetzt keine Rede mehr, es war für sie auch kein Raum mehr, und die Stille, die du so sehr liebtest, wurde von den heftigen und brutalen Geräuschen des Lebens verdeckt. Zu den Aufträgen, von denen ich früher erzählt habe, waren, ganz abgesehen von meinen persönlichen Forschungen, noch andere gekommen, die Vorlesereisen waren noch nicht zu Ende, und schon im November hatte mich jener Herr Welte oder Welter durch ein neues großes Projekt erschreckt. Ich sollte in einigen Monaten über See fahren, vorbei an den Säulen des Herkules, in einen Erdteil, den du nicht kanntest, mit dem mich nichts verband. Viele meiner Abende verbrachte ich jetzt in der angenehmen, oft sogar festlichen Gesellschaft von Freunden, auch im Theater, also alle Tage Kuchen, aber kein tägliches Brot, nicht die kleinen Gebärden des Einsseins, nicht das mögliche Schweigen. Nachts heimkommen in die leere Wohnung, nur das eigene Bett aufdecken, überhaupt das Für-sich-Sorgen, wobei man schneller, als man es je für möglich gehalten hätte, sich zweiteilt und mit sich selber spricht. Daß dein Tod für alle anderen eine bedauerliche Tatsache, für mich aber ein lebendiger Prozeß, immer noch Anziehung, Abstoßung, Nähe und Ferne war, wollte niemand verstehen. Allenfalls glaubte man, daß ich nachts in deinem Zimmer ein paar Tränen vergösse, aber die flossen nicht, weil da so viel mehr war als Wehmut, der leidenschaftliche und angstvolle Wunsch, dich dort, wo du bist, glücklich zu wissen...

Rauschendes Weihnachtspapier, Sterne und Monde aus
 Goldblech
Und der Tag verrückt in den Tag, an dem sie den Stein dir
 ausmaßen
In deinem eigenen Zimmer, und falteten in deinem Zimmer
Den Teppich, legten darauf
Nach den Regeln des Goldenen Schnittes die
 Parthenonreiter
(Jünglinge, einer wendet sich um nach dem andern und
 winkt ihm)
Bestattet wurde ein Mann in seinem eigenen Zimmer.
Ein Mann
Dem jetzt der Vogesenwind an den Grabstein pocht mit
 Ranken des Cotoneaster.
Aber hier ist der Stuhl des Mannes, sein Stuhl, mit Rillen am
 Ende der Lehnen
Geschnitten für seine Finger
Und der Tisch ist sein Tisch, gemacht, ihm gedeckt zu
 werden
Mit Hirschtellern und Löwenschüsseln und dem Glas für
 den Weißherbst.
Aufschäumt noch immer für ihn die normannische Welle
Senkt sich der Abend für ihn auf die Donau bei Dürnstein.
Herr ist er über die Laden voll Landkarten, die nicht mehr
 entfalteten
Die braunen Gebirge, den Windzorn, die hüpfenden Meere.
Herr über das Volk seiner Schrift
Die vergilbenden staubigen Zeichen
Die stärker sind als der Staub.
Herr über die Glocken Advent, nicht diese neuen perfekten
Notglocke, Pferdchen mit Blechhufen, ungeschickten
Wie galoppierst du kindlich durch unsere Träume.
Ein Mann
Ist Herr über alles, und wie er uns schweigend erweckt
Regungen des Mutes und Regungen der Güte
Wenn in den Gärten der Wiesenau Pappeln sich beugen im
 Nachtwind

Wenn Reiter, aus Wolken gemachte, am feurigen
    Stadthimmel aufziehen
Und einer der Jünglinge wendet sich um nach dem andern
Winkt –

Dieses kurz vor Weihnachten entstandene Gedicht zeigt, wie mich deine geheimnisvolle Gegenwart immer wieder mit Zuversicht erfüllte und übrigens nicht nur mich, sondern alle, die in dem von mir beschriebenen Zimmer meine und also immer noch deine Gäste waren. Ich wünschte, ich könnte klarer ausdrücken, worin diese Stärkung bestand, man würde meinem seltsamen Zickzackweg (ins Leben hinein und aus dem Leben hinaus) dann besser folgen können, auch besser verstehen, warum ich dein Zimmer, diesen Ort des Friedens, so liebe und warum ich ihn dann auch wieder verlassen mußte, weil ich mir plötzlich in den Kopf setzte, dich an ganz anderen Orten zu suchen. Denn so viel war mir schon klargeworden, nämlich, daß ich dich noch immer suchte, auch wenn ich auszog, das Fürchten zu lernen, und wahrscheinlich würde ich es niemals ganz erlernen, weil du noch da warst, nicht auf der Erde, aber in der Welt, wie wir sie begreifen an weniger kurzsichtigen und schwerhörigen Tagen: als einen Ort der Lebendigen *und* der Toten, als einen Ort des Leidens und der wachsenden Gottesentfernung, da hilft kein Nachjagen, er ist immer schon um die Ecke, je größer das Universum wird, desto mehr Schlupfwinkel, was nützt da ein Stück Augenlid, in den Weltraum geschossen mit seinem Kranz von Wimpern, die Raketen sind plumpe Fahrzeuge und holen ihn nicht ein; die Gedanken sind da immer noch leichter, wendiger und mit besseren Sehwerkzeugen und Tastwerkzeugen ausgestattet, und auch diese erreichen ihn nicht. Ein Ort also des Alleinseins, aber des Niemals-Alleinseins auch...

Mein Auftraggeber, mit dem ich weiterhin nur schriftlich, allenfalls telefonisch, verkehrte, hatte mir neue Werbeprospekte der Schiffahrtslinie geschickt. Das Schiff, mit dem ich reisen sollte, war, jedenfalls auf den farbigen Bildern, neu und funkelnd sauber, ruhig überquerte es, vom Flugzeug aus aufgenommen, ein ruhiges tiefblaues Meer. Obwohl ich immer noch nicht fest entschlossen war zu reisen, hatte sich mein Vorhaben bereits herumgesprochen. Ich bekam schon seit Weihnachten fast täglich Briefe, in denen man mir gut zuredete und mich von der Heilsamkeit einer solchen Ortsveränderung zu überzeugen versuchte. Ein ganz neuer Erdteil, eine völlig andere Umgebung, und was hinter solchen Lobpreisungen stand, war doch nur die Ungeduld, der Widerwille gegen mein ewiges Trauern, Schwarzvogel, Klagvogel, schweig endlich oder stimme andere Töne an. Tatsächlich scheint es auch für Gefühle ein insgeheim festgesetztes Maß zu geben, was darüber hinausgeht, wirkt abstoßend wie eine Ungesundheit, die sich weder zum Genesen, noch zum Sterben entschließen kann.

Sieh etwas Neues, hör etwas Neues, erzähl uns etwas Neues, wir haben dir genug Zeit gelassen, alles was recht ist, und drei Jahre sind recht. Diese Briefe meiner Freunde konnte ich nur mit Kopfschütteln lesen. Wenn sie wüßten, wie weit ich mich schon von meinem Toten entfernt habe oder wie weit er sich von mir entfernt hat und daß von Treue über das Grab hinaus gar nicht die Rede sein kann. Treue, das wäre gewesen zu sterben, gleich oder übers Jahr, wenn man's Träubele schneid't, wenn alle Jahreszeiten einmal vorübergegangen sind und nichts sich verändert hat, wie bei der jungen Frau, die sich am Jahrestag mit einem Küchenmesser die Kehle durchschnitt. So treu ist man, wenn man jung ist, aber die Alten sind Vetteln, die mit dem Leben buhlen, wie Marthe Schwerdtlein mit dem Teufel, der farbenprächtig und kalt in ihrem Gärtchen spazierengeht. Ich bin nicht gestorben, die Jahreszeiten hatten mich verändert und veränderten mich weiter, wie jeder freie Atemzug, jeder Augenblick des Gern-auf-der-Welt-Seins, und diese Augenblicke waren so wenige nicht. Also keine Treue, sondern Untreue, schrittweises böswilliges Verlassen, hundert Schritte, tausend Schritte, und am Ende geht es mit Siebenmeilenstiefeln dahin. Was wußtet ihr davon, freundliche Briefschreiber, und wie ich schon damals bei jeder Krankheit um mein eben noch so unwertes Leben zitterte und wie ich mich fürchtete, allein durch den Nachtwald zu gehen. Und war ich nicht schon lange wieder neugierig, wollte wissen, was ist und was kommt? Eines Tages starrte ich auf ein Bild in der Zeitung, die Photographie eines Raumfahrers, den man nach vier Stunden wieder aus seiner Kapsel geholt hatte, und noch hatte er die Erde gar nicht verlassen und sah doch aus – so grau, so zerfurcht, so erschrokken, so erhaben, als sei er bereits dort gewesen, wo man ihn hatte hinschießen wollen, in der äußersten Einsamkeit und Gefahr.

Was sagt eine Frau zu ihrem Mann, ehe er in den Weltraum geschossen wird, die Journalisten haben das wissen wollen, ich wollte es auch wissen, obwohl dieser Mann ja nichts anderes war als ein Todkranker, mit einer winzigen Chance davonzukommen, und auch einem Todkranken lächelt man schamlos tapfer in das graue, erhabene Gesicht. Und dann stellte ich mir vor, wie das kleine Gehäuse wirklich die Erde verließ. Wie der Mann auf seine Knöpfe drückte, wie seine Lämpchen aufglühten und wieder erloschen, wie er maß und ablas und dabei dahinschoß, eine lebendige Seele durch lauter abgeschiedene Seelen, und wie seine klugen Geräte alles wahrnahmen, nur eben diese Schwärme von Seelen, die die Erde umkreisen, nicht.

Du

Ich habe dich betrogen mit einem Palmbaum
Ich habe dich vergessen über einem Lied aus Bahia.
Die Wälder haben ihre Luftwurzeln ausgeworfen
Im schwarzen Sumpfwasser verlor sich mein Spiegelbild.
Wie geduldig warten die Toten.
Wie geduldig warten die Toten ozeanweit
Sitzen bei den Leuchttürmen
Auf den Klippen der alten Heimat
Nähren das Feuer.

Es war nicht zu leugnen, daß ich auf meiner Suche nach Wahrheit in den ersten Monaten des neuen Jahres wenig vorwärtskam, vielmehr oft auf der Stelle trat, rechter Fuß, linker Fuß, über ein unsichtbares Seil hüpfen, das kann am Ende auch zu einer Art Tanz werden, einem berauschenden Tanz. Man kann sich dabei in die Erde hineintreten, mehr und mehr schwarze Erde, Wurzeln, kleine Rinnsale, oder auch sich über die Erde erheben, seht doch, schon berühren meine Füße den Boden nicht mehr. Die Welt um mich herum mochte stillstehen, aber was stand denn still, zumindest drehte sich mein Stern, meine Standfläche, von der Sonne weg und wieder zu ihr hin, da wurde es ganz ohne mein Zutun Mittag, Nachmittag, Abend, Nacht. Drei Stockwerke hatte ich schon durchgetreten, Wohnstube X, Wohnstube Y, Arztwartezimmer, nun war ich im Keller, aber zugleich auch auf dem Dache, zwischen Schornsteinen und Fernsehantennen, und hatte einen hübschen Blick über die nackten Bäume der Anlagen aufs bescheidene blaue Gebirge. Warum soll man immer vorwärtskommen, wohin überhaupt, und Dinge erforschen und Menschen erforschen, hinunter, hinauf, zwei

Dimensionen genügen, es sind übrigens auch die endgültigen für jeden, der sich nicht damit begnügt, mit seiner Materie die Friedhofsblumen zu speisen. Ich gab mich damit nicht zufrieden, ich wollte auferstehen, also übte ich mich im Tanz, wobei es mir auch manchmal gelang, auf dem Kopf zu stehen, jedenfalls immer leichter zu werden, was zur Folge hatte, daß auch die Dinge leichter zu werden und zu tanzen begannen. Ich habe solche Zeiten, Tanzzeiten, schon früher gehabt, was ganz wörtlich zu verstehen ist, Tanzbewegungen nach Radiomusik vor dem Schlafengehen, auch oder gerade in den bedrohlichsten Lagen, aber auch unwörtlich als einen Zustand des Gleitens und Schwebens, auch des inneren Lächelns, das, weit entfernt von einer verbissenen Gottsuche, mich doch am nächsten zu dem hingeführt hat, was den Gläubigen als Gegenwart Gottes erscheint. Aus diesem Grunde wahrscheinlich war die mir liebste Legende immer die Geschichte des Kindes, das in der Nonnenschule wenig taugte, die Kerze bei der Prozession schief hielt, weiße Schneeballen und schwarze Disteln in die Altarvasen steckte, sich auch davor graute, die nackten, bleichen Gipsfüße des Gekreuzigten zu küssen. Das aber einmal, in der dunkeln Kirche alleingelassen, vor dem Bild der Madonna den schönsten Tanz ausführte, barfüßig, anmutig wie ein Engel und selig, nun doch auch etwas beizutragen zu der Gloria Dei, die die Sonne am Nachmittag im Strahlenfenster aufleuchten ließ. Leicht und doch nicht töricht zu schreiben, hatte ich von jeher im Sinn gehabt, das hätte dem Tanz der Nonnenschülerin entsprochen, aber da versagte die Hand, versagte auch die Sprache, so als seien ihre Worte schon mit menschlicher Schwermut und mit einem langen Schicksal (Unruhe, Heimatlosigkeit, Gemartertwerden) durchtränkt und es könnten nur Töne und Farben noch aus dem Urgrund aufsteigen und sich zu heiter schwebenden Gebilden zusammenfinden. Mir jedenfalls gelang das Leichte nur nebenbei, nur die Tanzschritte im dunkeln Zimmer, das süße Auf-der-Stelle-Treten der Gedanken, und ein unsichtbares von mir geschwungenes Seil glitt über meinen Kopf und unter meinen Füßen hin.

Auferstehung

Manchmal stehen wir auf
Stehen wir zur Auferstehung auf
Mitten am Tage
Mit unserem lebendigen Haar
Mit unserer atmenden Haut.

Nur das Gewohnte ist um uns.
Keine Fata Morgana von Palmen
Mit weidenden Löwen
Und sanften Wölfen.

Die Weckuhren hören nicht auf zu ticken
Ihre Leuchtzeiger löschen nicht aus.

Und dennoch leicht
Und dennoch unverwundbar
Geordnet in geheimnisvolle Ordnung
Vorweggenommen in ein Haus aus Licht.

»Was willst du, du lebst«

Von den folgenden Texten stammen einige aus dem Schlußteil von ›Wohin denn ich‹, fünf aus ›Ein Wort weiter‹, die meisten aber aus den beiden letzten Veröffentlichungen von Marie Luise Kaschnitz, aus ›Kein Zauberspruch‹ (1972) und ›Orte‹ (1973), drei nach 1970 geschriebene Gedichte aus dem Nachlaß. Die Texte entstanden also in den Jahren, in denen das politisch-gesellschaftliche Engagement der Autorin immer stärker in den Vordergrund trat. Das sollte man angesichts der durch das Thema dieser Auswahl vorgegebenen Begrenzung nicht vergessen. Auch nach so vielen Jahren ist dieses Thema immer noch: *Dir in memoriam / Endlos*. (›Einiges‹). Aber die Sicht, aus der *die Erscheinungen des Lebens* beschrieben werden, ist in zunehmendem Maße die eines Menschen, dessen Füße *sich über die Erde erheben*, das heißt, mit wachsender Freizügigkeit, Bindungslosigkeit und innerer Gelassenheit gehen die Bilder des Tanzens in solche des Gleitens, Schwebens und Fliegens über (›Flugvorbereitungen‹, ›Vögel‹), *wobei es mir auch manchmal gelang, auf dem Kopf zu stehen, jedenfalls immer leichter zu werden, was zur Folge hatte, daß auch die Dinge leichter zu werden und zu tanzen begannen*. Das Wort »leicht«, das jetzt häufig auftaucht, wird an dieser Stelle mit einer sehr unkonventionellen Gottsuche verbunden, wie sie auch in den Gedichten ›Auferstehung‹ und ›Standort‹ zum Ausdruck kommt. Von dort wird ein Bogen geschlagen zum eigenen künstlerischen Schaffen, wovon Marie Luise Kaschnitz in beispielhaftem Understatement sagt: *Leicht und doch nicht töricht zu schreiben, hatte ich von jeher im Sinn gehabt ... Mir jedenfalls gelang das Leichte nur nebenbei.*[111]

Von der »Leichtigkeit« ihrer eigenen Kunst zeugt ein Gedicht wie ›Nausikaa‹, eines ihrer schönsten überhaupt, wo der Rückgriff auf den Mythos unter anderem bewirkt, daß der ganze Vorgang in einen Zeit und Raum überschreitenden, allgemein menschlichen Zusammenhang gestellt wird und daß außerdem der Leser eigenes Vorwissen beisteuert, wodurch ein Minimum an Andeutungen genügt, um die Situation lebendig werden zu lassen. Aus wenigen, äußerst suggestiven Adjektiven und Substantiven *grasgrün, salzig, Goldregenlocken* entstehen Nausikaas Anmut, Odysseus' schon vom Tode gezeichnetes Abenteurertum vor dem inneren Auge. Die ein-silbigen Verben *komm, lieg, sag*, vermitteln auf »leichteste« Weise das Tiefste: *Sag noch eins / Eh du gehst.* Über die Behandlung des Mythos in heutiger Dichtung sagt Marie Luise Kaschnitz in ›Wohin denn ich‹: *Die großen, bereits unzählige Male zu Gehör oder zu Gesicht gebrachten Stoffe waren am Ende die verlockendsten, Archetypen der Dichtung, die man immer noch in seiner eigenen Handschrift schreiben und denen man immer noch besondere, das heißt, persönliche und heutige Züge verleihen kann.*[112] Anklänge an *Archetypen der Dichtung* enthält auch das Gedicht »Das andere«. Beschwört hier *der weiße Wal* mit seiner alttestamentarischen und literarischen Herkunft eine kostbare und herrscherliche Unberührbarkeit, so erinnert der in Flammen stehende Weidenbusch an den flammenden Dornbusch, in dem Moses der Engel des Herrn erschien (2. Mos. 3,2–5). Indem nun der Weidenbusch als *der gewöhnliche bei den Hühnerhäusern* bezeichnet wird, scheinen mir in diesem Bild Hohes, ja Heiliges und das ganz Gewöhnliche, sprich Alltägliche zugleich beschworen zu werden. Das sprichwörtlich wachsende, dann singende Gras scheint diese Deutung zu bestätigen und auf die zweite Strophe vorzubereiten. Sie sagt aus, was die volltönende Klangstruktur des Gedichts von Anfang an suggeriert, das Immer-noch-da der *mächtigen Stimme / Des anderen.* Es bleiben die weiten Strecken der *Öde.* Aber gleichzeitig spricht aus dem Gedicht ›Du Leben‹ eine Annäherung und Liebe zum Leben, die auf eine neue Entwicklungsstufe hindeutet. In fast allen Bildern des Gedichts wächst aus kargem Boden (Berberitze, Winterzweig, der Leib einer Siebzigjährigen) das Neue. Alle Bilder sind untereinander verbunden durch die Farbe Rot, rot wie das Leben.

Was ich bei meiner Reise vor allem fürchtete, war gerade das, was die andern für mich erhofften, daß ich nämlich zurückkäme als ein anderer, ein neuer Mensch. Ich wollte aber ein neuer Mensch nicht sein, jedenfalls keiner, der es fertigbringt, allein, das heißt, ohne dich zu leben. Überhaupt keiner, der etwas fertigbringt im Sinne gewisser Fertigkeiten, die nur auf dem Boden der Gefühlsarmut gedeihen. Schon das Alter ist gefühlsärmer als jede andere Lebenszeit, ich konnte das hier und dort um mich herum beobachten, Einschränkung, Vorsicht, Sparsamkeit, als gälte es, sich in jedem Fall zu bewahren, als sei schon der nächste Schritt in Frage gestellt. Was ich bewahren wollte, war nur das Eins- und Doppeltsein, ich wollte, wie ich es in einem Gedicht ausgesprochen hatte, als einer von zweien gesehen werden und mit meiner Stimme die andere, deine Stimme, noch immer vernehmlich machen. Darum auch meine nächtlichen Abschiedswege durch die Wohnung, Mitternacht vorbei, Licht nur von den Straßenlaternen hereinfallend, und die Beschwörungen: Wände, haltet euch aufrecht, Schränke, Tische, Stühle, bleibt stehen, so als könnte, sobald ich das Auge gewendet, einem ganz neuen zugewendet hatte, all das alte in sich zusammensinken und bei meiner Rückkehr gar nicht mehr da sein – was alles doch eine recht armselige Überschätzung der Außenwelt und Unterschätzung des in Gedanken Vollziehbaren war. Auch die Furcht, dich bei meinen Lebzeiten und deinen Todeszeiten zu überleben, war im Grunde armselig, ebenso der Gedanke, die in immer größerer Fülle vor mir auftauchenden Gestalten (neue Arbeitstitel: veuve abusive, A. und das dämonische Kind, Pflanzmaschine) könnten sich eines Tages zwischen uns drängen. Als ob du nicht noch immer Mannes genug gewesen wärest, diese Schemen, von denen ich nicht einmal genau wußte, ob ich sie mein Blut trinken lassen werde, beiseite zu schieben. Als ob es dieser Räume und dieser wurmstichigen Möbel bedurft hätte, um deinen Schritt, deine Bewegungen in mir wachzurufen. Deine Photographien vollends waren ein armseliges Rüstzeug und nicht zu vergleichen mit den Bildern, die die Einbildungskraft hervorzubringen vermag.

Was heutzutage im Bilde gesucht wird, ist das fremde Dasein, an dem man teilhaben möchte, zertrümmerte Flugzeuge, Mondkrater, exotische Königinnen, jeden Tag etwas anderes, etwas Neues, während die Abbilder der liebsten Verwandten und Freunde still in den Schubladen modern – tatsächlich sind in keiner Wohnung, die ich kenne, solche Idole noch zu sehen. Von einem anthroposophischen Ehepaar habe ich gehört, daß es an einem bestimmten Tag, zu Allerseelen oder zu Weihnachten, alle diese verblichenen Bilder und Bildchen, die Toten eines langen Lebens, hervorholt, sie auf einen großen Tisch stellt und Kerzen vor ihnen anzündet – sich auch der Dargestellten zu entsinnen und mit aller Liebeskraft ihren ungewissen Existenzen Gutes zu wünschen versucht. So stark mich dieser Liebes- und Erinnerungsdienst auch beeindruckte, ich hätte ihn doch schwer ausüben können, und schon gar nicht vor deinem Bilde, ich hätte dich damit erst recht unter die Toten versetzt, wo du doch gar nicht hingehörst, wenigstens nicht, solange ich lebe und du in mir lebst...

Einer von zweien

In meinem Gedächtnis wohnst Du
Mein Leib ist dein Haus
Mir aus den Augen siehst du den Frühling
Noch immer die rote Kastanie.

Auf dem Fluß jedes Tages
Kommst du geschwommen
Steigst mit jeder Sonne
Mir über den Hügel.
Hände hab ich

Zehn Finger und flinke Füße
Näher kommst du
Ich fasse dich nicht.

Ihr sollt in mir sehen
Einen von zweien
Und hinter meinen Worten
Unruhig horchen
Auf die andere Stimme.

Ihr sollt sehen wie meine Wunde
Zu glühen beginnt
Wenn die Welle kommt
Der Muschelgeruch der Häfen
Wenn im Buchenwald unsichtbar
Maisingen die Vögel.

Ein paar kurze Eintragungen im Kalender, wenige Seiten im Tagebuch über die ersten Tage auf dem Schiff. Dabei war doch alles neu, nie erlebt, ciao bambina, und grüne und rosarote Papierschlangen bei der Ausfahrt, Saxophon und Blechtellergeschmetter, Winken und Rufen, und dazwischen das Tiergeschrei, Urgeschrei der armen Auswandererfrauen, denen mit der Küste alles, was sie liebten, für immer versank. Neu der Anblick der südfranzösischen Küste von so weit draußen, wo sie dann freilich auch alles hergab, Erinnerungen an blühende Mimosen, riesige strohumflochtene Flaschen voll Algierwein, weiße Mauern, Treppenstufen, Chemin de l'Annonciade, da wohnten einmal in einem Klösterchen drei uralte Mönche, starben nacheinander und wurden nicht ersetzt. Da rechneten wir, zogen aus einem Leinensäckchen gedrechselte, mit Nummern beschriebene Holzscheiben, schrieben die Würfe zu Kolonnen untereinander, drei rot impair manque, und wollten uns die Freiheit errechnen, was eigentlich auch in deine Biographie gehörte, die ich übrigens inzwischen abgeschlossen hatte, das Machwerk, die Fälschung, ohne den Hauch deines wirklichen Wesens, der mich doch jetzt wieder anwehte, als wir auf der Reede von Cannes Anker warfen und die Boote vom Land herüberkamen, dunkel vor den Lichterketten der Stadt. Küste von Frankreich, Küste von Spanien, und ein paar Wochen später, Gibraltar vorbei, würde das Zimmermädchen früh in meine Kabine kommen und freudig sagen, Madame, nous sommes dans notre mer, aber das war auf der Rückreise, und bis dahin war es noch weit. Zunächst ging es von einem Hafen zum anderen, in Autobusse gepfercht, wurden die Passagiere in den fremden Städten herumgefahren. Noch einige kräftige Schlucke Europa, süße und gallenbittere, Kathedralenfinsternis und Deckengold der Festsäle, Karavelle des fragwürdigen Kolumbus und die steinernen Beter in Belém. Da hätte es wiederum viel zu lernen gegeben, aber was ich erlernte, waren doch nur die goldenen Sandbänke vor der Mündung des Flusses Tejo, die ich mir vorstellte als einen Ort geheimer Zusammenkünfte zwischen Lebenden und Toten, und was ich noch erlernte, waren die Möwen, die ein Schiff begleiten, sechs Stunden lang, sieben Stunden lang, Möwen in Gestalt von Möwen, Seelen in Gestalt von Möwen, und immer ist eine dabei mit einer Menschenstimme, und immer ist diese die letzte, die im Grau des Abends verschwindet. Als du dich zurückwendetest, im Grau des Abends verschwandest, wurde mir übel, das hatte mit Seekrankheit nichts zu tun. Soviel ich mich erinnere, überwand ich diesen Anfall auch bald, aß zu Abend an meinem kleinen feinen Tischchen, ging später auf dem obersten Deck spazieren, da füllte sich der Himmel mit Sternen, was natürlich unrichtig ausgedrückt ist, erst von Nachtspaziergang zu Nachtspaziergang füllte er sich, und es dauerte noch lange, bis das Kreuz des Südens auftauchte, während der zähe alte Bär sich am nördlichen Horizont anklammerte und nicht versank. Das Meer war ruhig und bewegt, der Himmel wolkig und sonnenhell, die Bugwelle (gletschergrün, milchblau, schaumbedeckt) rauschte ununterbrochen, fort, fort, fort. Fort von den Gräbern, fort von den Erinnerungen, draußen sein, nirgends sein, niemand sein, nicht ankommen müssen, nicht mehr lernen müssen, was man doch nicht versteht. Einem solchen Zustand des Niemandseins glaubte ich damals mit jeder durchrauschten Stunde näherzukommen, auch die andern Passagiere schienen von ihm betroffen, bekamen, ob sie in Abendanzügen tanzten oder in brandrote Westen gekleidet die verlegene Maskerade der Rettungsübung über sich ergehen ließen, immer leerere Gesichter, immer unsicherere Bewegungen, so als habe nur das Hier und Dort, auf jeden Fall die Berührung mit der Erde ihnen ihr eigentliches Leben verliehen.

Niemand

Wer nirgends ist, ist niemand. Ich
Auf dem soundsovielten Breitengrad
Aber umgeben von nichts als Wasser und Luft
Bin nicht mehr ich.
Mein starkes Schiff Provence
Ist wie jedes ein Fliegender Holländer.
Kommt nur in Booten. Klettert über die Bordwand.
Da trinken Herr Niemand Frau Niemand
Da schlafen Herr Niemand Frau Niemand
Kind Niemand sitzt auf dem Holzpferd
Ich Niemand schreib in den Wind.

Vom Ich in der Fremde handelt eine der wenigen Tagebuchaufzeichnungen, die ich an Bord des italienischen Schiffes gemacht hatte. Es gibt, so heißt es da, überhaupt keine Fremde, außer in der Phantasie, die ja in die neue Umgebung schon vorauseilt, aber körperlos und also besonders verletzlich und fragil. Die Tatsache, daß man, einmal wirklich auf Reisen gegangen, seinen Körper mitführt, ändert alles, schafft aus Traumspielen Wirklichkeiten, die einen großen Teil der Traumschrecken verlieren. Mein Gesicht im Spiegel, meine Hand auf der Bettkante, mein Kopfweh, Halsweh, mein zu rascher Pulsschlag, alles alte Vertrautheiten und zuverlässiger als die wenigen mitgeführten Gegenstände, die niemanden retten können. Aber das Ich rettet, am eigenen Zopf zieht man sich aus dem fremden Sumpf. Der alte Adam mit seinen Erinnerungen, guten und bösen, gut oder böse spielt da keine Rolle mehr. Es ist doch eine kleine Welt, die man in die Fremde führt, und daß es eine Welt ist mit ihren eigenen Landschaften, ihren eigenen Sonnenauf- und -untergängen, spürt man nirgends so stark wie dort, wo einen nichts angeht, wo man niemanden angeht, wo man aber mit seinem Körper und seinen Erinnerungen weiterlebt und Ringe ansetzt, ob man will oder nicht. Zu den im vorigen Abschnitt geäußerten Gedanken (nirgends sein, niemand sein) scheinen diese Tagebuchaufzeichnungen in einem merkwürdigen Gegensatz zu stehen. Es muß mich aber damals beides, das Niemandsein und das Jemandsein, gleichermaßen angegangen sein. Jedenfalls hörte ich auf dem Schiff sehr bald auf, mich zu fürchten, hatte keine Todesahnungen, keine Todesängste mehr. Der Packen meines Erlebten und Erliebten trug mich wie ein dikker Rettungsring, aus dem ich den Kopf steckte, um mit blanken Augen nun doch auszuspähen, freilich nicht nach Menschengesichtern und Menschenschicksalen, sondern nach dem, was sich auf dem Wasser und über dem Wasser begab. Für diese Vorkommnisse wuchsen mir in jenen Tagen neue Sinne, Überaugen und Überohren, die in dem Immergleichen das Immerverschiedene wahrzunehmen vermochten. Zum Beispiel alle Farbtöne, mit denen Wasser und Himmel im

Laufe einer Stunde aufwarteten, oder die Bewegungen, die ein gegenwärtiger, unter Umständen auch ein längst zur Ruhe gekommener Wind in den Wolken und Wassermassen erregte. Naturgefühle ohne Naturschwärmerei und von sehr anderer Art als vor Jahren am lateinischen Ufer, wo ich träge hindämmerte, hinschmatzte und in den Froschteich zurückkehren wollte. Was ich jetzt um mich herum feststellte, auch kurz – und so gut sich eben Farben und Linien mit Worten wiedergeben lassen – notierte, war bei aller Fremdheit doch kein Urschlamm, sondern Schöpfung, sehr genaue, nur eben von den gewohnten Gegenständen abgezogene Werte, die im Wesen des Menschen ihre Entsprechung fanden.

Standort

Wo – ziemlich nah vom Altar
Aber stumm, ein verstockter Beter
Wo – auf den Brücken mittbrücks
Ins kaltwellige Wasser starrend
Wo – auf den Märkten wie je
Die Hand ausgestreckt
Nach der Granatapfelfrucht
Der gekörnten Melone
Einen Grashalm pflück ich
Übe den Kinderpfiff
Einige Vögel des Himmels
Kommen begleiten mich
Vor die Stadt
Auf den lehmigen Acker.

Dreimal

Dreimal ging die Witwe übers Ödland,
Das war kein Frühling, kein Sommer, kein Herbst noch Winter.

Mitten im Ödland saß ihr Mann, ihr Liebster,
Und das erste Mal kniete sie nieder, umfing seinen Schoß,
Sagte, wir haben die Kürbisse eingelegt
Sauer und süß. Wir sammeln die ersten Nüsse.
Die Kinder schreiben das A und das O.
Leb wohl, und der Tote nickte.

Dreimal ging die Witwe übers Ödland.
Da war kein Tag, keine Nacht, kein Morgen noch Abend.
Mitten im Ödland saß ihr Mann, ihr Liebster,
Und das zweitemal legte sie ihm ihre Hand auf die Brust,
Sagte, ein Schnee ist gefallen, die Fenster blühn,
Der Igel hält seinen Winterschlaf,
Die Kinder backen Mond und Sterne.
Leb wohl, und der Tote nickte.

Dreimal ging die Witwe übers Ödland,
Da war kein Wasser, kein Feuer, keine Luft noch Erde.
Mitten im Ödland saß ihr Mann, ihr Liebster,
Und das drittemal sah sie ihn an, berührte ihn nicht.
Sagte, wir haben die Beete abgedeckt,
Die Erde in unserem Garten ist schwarz und fett,
Die Kinder verbrennen den Winter.
Leb wohl, und der Tote nickte.

Zum andernmal ging die Witwe, fand das Ödland nicht mehr.
Hoch stand das Gras, verwachsen starrten die Hecken,
Margeriten blühten und Rosen, die Sichel ging.
Leb wohl, und die Sonne nickte.

Die Gretchenfrage, wie hältst du's mit der Religion, habe ich mir auf der doch eigentlich schon im vergangenen September angetretenen Reise des öfteren gestellt. Die Letzten Dinge, wie sollte ich mich ihnen gegenüber gleichgültig verhalten, da ich ihnen doch schon halb anheimgefallen war und mit meinem besseren, edleren Ich. Nun, ich hielt es mit ihnen, oder sie hielten es mit mir, was manches erklären mag an Streiterei, Auflehnung und jähem Vertrauen – ein Gleichgültiger schimpft nicht, hadert nicht, zweifelt nicht, worin sich mein religiöses Leben doch abspielte, wenn ich nicht gerade in der Gnade war, das heißt, in einem Zustand, den ich so nicht gern bezeichne, aber doch nicht anders bezeichnen kann. Für die Gnade kann man nichts, kann sie auch nicht herbeiführen, jedenfalls nicht, wenn man, wie ich, nicht in die Kirche geht und keine religiösen Übungen anstellt, Versenkung, Anschaulichmachung des christlichen Leidenswegs und der christlichen Erlösung, vorgeschriebenes Sündenregister und Ablaß, dazu die guten Werke, mittels derer man auf der brüchigen Leiter der Vervollkommnung aufsteigen kann. Ich bin trotzdem überzeugt, daß es sich bei mir um dieselbe Gnade handelt, um dieselbe strahlende Seligkeit, denselben Einklang mit der Schöpfung, denselben Frieden, der ein ewiger natürlich nicht sein kann, nur eine flüchtige Ahnung von dem, was möglich wäre – alle Vorstellungen vom Garten Eden und den Gefilden der Seligen gehen auf solche Gnadenaugenblicke zurück...

Stein im Schuh

Schmerzt er wieder
Der Stein im Schuh?
Ich führe ihn lange mit.
Es nützt nichts
Die Strümpfe zu wechseln
Oder das Fußbad

In wildfremden Meeren.
Moos, Mooswaldweg, Moos –
Brunnen und ich an der Hand
Genommen von mir selbst
Dem Geisterkind
Die Tannenschneise hinauf
Zum Quellstrahl und grauen Trog
Stein
Stein
Fall mir vom Herzen.

Eines Abends, Anfang April, auf dem zehnten Breitengrad und bei tropischer Hitze, ist mir der Gedanke gekommen, einen Bericht zu machen, einen Vor-Reisebericht oder auch schon Reisebericht insofern, als uns das alte Gefühl, mit einem gewissen und doch so ungewissen Ziel durch die Zeit zu reisen, nie verläßt. In der angenehmen Frischluft meiner Kabine auf dem Bett sitzend und von Kalendern, Notizbüchern und bekritzelten Zetteln umgeben, habe ich mir vorgenommen, mitzuteilen, was ein nicht mehr junger und im landläufigen Sinne nicht mehr glücklicher Mensch mitzuteilen hat. Die Geschichte einiger Monate, die Geschichte einer Lehrzeit, wie sie jeder beschreiben könnte, denn machen wir nicht immer wieder Lehrzeiten durch, ohne am Ende das Gefühl eines Erfolges zu haben, im Gegenteil, wir haben nicht wirklich achtgegeben, wir haben geträumt, wir haben versagt, Knöpfe machen, gerade Nähte nähen, gerade Furchen pflügen, das alles ist erlernbar, mit dem Säen verhält es sich schon anders, da hier jede innere Unausgeglichenheit und Unaufmerksamkeit den Schwung zerstört. Paveses Handwerk des Lebens ist am schwersten erlernbar, für mich das Handwerk des Alleinlebens, mein alter Grundsatz, immer das Nächstliegende möglichst gut zu machen, verfing da nicht mehr, was liegt fern, was liegt nah, wenn der eigene Ort nicht mehr bestimmbar ist. Mein Alter hatte die Faszination des Auf-der-Erde-Seins nicht beeinträchtigt, aber es hatte mir auch keine Sicherheit gegeben, ich war noch immer unmündig, stand noch immer nicht auf festem Grund. Obwohl doch nun wirklich keine Zeit mehr zu verlieren war, hätte ich auch diese Zeit wieder verlorengeben müssen, gab sie aber nicht verloren, sondern beschloß sie festzuhalten, in Worten festzuhalten als eine der leidenschaftlichen und am Ende doch nicht ganz fruchtlosen Bemühungen, aus denen unser Leben besteht. Immerhin hatte ich gelernt, die nach meiner Rückkehr aus dem Totenland neu vor mir auftauchende Welt als fragwürdig zu betrachten, hatte ihr also eine Würde gegeben, die sie für den Stumpfsinnigen, Gleichmütigen nicht besitzt. Ich hatte mich von dir entfernt und war dir nähergekommen, ich hatte dich mit jedem neuen Atemzug tiefer in mich hineingerissen und wußte, daß ich dich nicht mehr verlieren konnte. Nun wollte ich ein Ende machen mit dem Ungefähren, dem Selbstmitleid, dem hektischen Schwanken zwischen Leben und Tod. Die Wahrheit, nichts als die Wahrheit und die ganze Wahrheit, die Liebe, nichts als die Liebe und die ganze Liebe, wie still war ich in diesen letzten Tagen geworden, wie andächtig sah ich an jenem Abend die Sonne, den kleinen Feuerkegel, versinken, und wie ruhig ließ ich mich tragen, einem unbekannten Erdteil zu.

Ohne Ort und Ziel

Für Klaus Bendixen

Keinen Ort mehr haben
Kein auszuweisendes Ziel
Nicht greifbarer sein
Als Spiegelbilder der Tauben

Auf der regenroten Terrasse
Als der Klagschrei der Eulen
Im Schwarznadelbaum.
Forttragen nichts
Als leichthin jenes mein Tal
In der offenen Hand.
Aufwachen nachts
Ins Tretrad springen
Meine kreisende Himmelsleiter.
Unten wie oben
Ist Anfang und Ende
Oben wie unten
Schlag ich mich frei.

Die Gärten

Die Gärten untergepflügt
Die Wälder zermahlen
Auf dem Nacktfels die Hütte gebaut
Umzäunt mit geschütteten Steinen
Eine Cactusfeige gesetzt
Einen Brunnen gegraben
Mich selbst
Ans Drehkreuz gespannt
Da geh ich geh ich rundum
Schöpfe mein brackiges Lebenswasser
Schreie den Eselsschrei
Hinauf zu den Sternen.

Wie du warst, eigentlich, frage ich mich manchmal und möchte dein Wesen fassen, auch schildern, um nicht am Ende doch Wichtiges aus dem Gedächtnis zu verlieren. Auch, um dich weiterleben zu lassen, weil jetzt, ein Dutzend Jahre nach deinem Tode, bereits niemand mehr nach dir fragt, was mich erstaunt und betrübt. Von denen, die dich von Jugend an gekannt haben, sind allerdings viele gestorben, manchmal denke ich, jeder hat ein Stück von dir mitgenommen, Erinnerungen und Gefühle, auch etwas von deiner äußeren Erscheinung, deinem Lächeln, deinem aufmerksamen Blick. Photographien werden unwahr, nicht nur der altmodischen Anzüge wegen. Eine Grammophonplatte mit deiner Stimme zu besitzen wäre entsetzlich, ich würde nicht wagen, sie aufzulegen, deine Stimme im Zimmer, und du selbst unter der Erde, auch das, immer dieselben paar Worte und die hunderttausend anderen dahin. Wie, mit welchen Worten, welchem crescendo, diminuendo hast du mich am Morgen, abends, beim Heimkommen, bei der Rückkehr von einer Reise in die Arme geschlossen? Ich will es genau wissen, nicht ungefähr, kann mich nicht zufriedengeben mit ungefähren Klängen, ungefähren Bildern, andere aber stellen sich neuerdings nicht mehr ein. Am ehesten noch in deiner Stadt Wien, da begegne ich noch deiner Schwermut, deiner großen Verbindlichkeit und Empfindlichkeit, wenn auch keineswegs dir. Da kann ich noch etwas tun, oder es wird etwas mit mir getan gegen das fürchterliche Vergessen, unter dem die ›Hinterbliebenen‹ leiden müssen, aber kaum einer gibt es zu. Auch ich will es nicht zugeben, kein Tag, an dem ich nicht an dich denke, ich lebe mit dir, das ist wahr. Aber, mit wem lebe ich, mit einem Schutzengel, mit einer Liebe, stumm, entsetzlich stumm.

Ich habe mir später nicht die Reisen, die beruflich waren, und nicht die Ferien, die bei diesen Reisen ab und zu heraussprangen, sondern den Alltag zurückgewünscht. Wie ich meinen Mann ins Institut begleite oder dort abhole, seine Vorlesung und was wir auf dem Weg darüber sprechen und was wir über die Wolken sprechen und über die Menschen und die Politik. Wie ich das Kind abhole im Kindergarten, die Mütter stehen unter dem Rotdorn in der Vorstadtstraße, aus dem kleinen Häufchen, das die Treppe herabdrängt, lösen sich ihre Kinder und stürzen auf sie zu. Costanza, der es nicht recht ist, daß ich nicht allen Müttern du sage, und ihr Freund Jochen mit dem weißen Kraushaar, fünf Jahre alt, und mit fünfzehn Jahren wird er ein Volkssturmsoldat sein und mit sechzehn Jahren tot. Der kurze Heimweg und, was gibt es zu essen, nur Lieblingsspeisen, immer Lieblingsspeisen, nichts von spartanischer Suppe und spartanischer Erziehung. Spielst du mit mir, ja, ich spiele mit dir, gehen wir spazieren, ja, wir gehen spazieren, um den Hammerteich, später durch den Spiegelslustwald, durch die Schrebergärten vor der Stadt Frankfurt am Main. Auch wir Eltern gehen spazieren, nachts nach der Arbeit, in der Stadt ums Quadrat oder am Meer, nachsehen, ob das Meer noch da ist, und dann zu Bett. Alltag, alle Tage, schöne Ereignislosigkeit, und wie viele Jahre, wie viele Tage sind das eigentlich, gar nicht so viele, gar nicht so viele Abende, an denen ich im Bett vorgelesen bekomme und darüber einschlafe und wieder aufwache, einschlafe, aufwache und seine Stimme wieder höre, wie Schaukeln ist das, dasein, wegsein, hinauf, hinab.

Der schmale Korridor in der Wiesenau und deine Heimkehr, die ganz gewöhnliche, am Abend, nicht etwa nach Luftangriffen, überstandenen, oder nach Reisen in tieffliegerbeschossenen Zügen, vielmehr am Alltag, Heimkehr aus dem

Seminar oder der Bibliothek, aber das genügte, der Schlüssel, der sich in der Wohnungstür drehte, und schon schlug mein Herz schneller, höher wie man so sagt. Küsse und Fragen, wie war es – wie war es, das Stückchen Leben allein oder mit andern, und alles war wichtig, aber das Wichtigste ist doch die Umarmung, die erste, zu der ich dir auf dem Korridor entgegenlief, zu der du deine Büchermappe auf den Boden warfst, alle Tage, ja, verrückt, alle Tage. Als hätte uns auch in Friedenszeiten eine schreckliche Gefahr gedroht, Gefahr des Sichverlierens. So kommt es, daß ich auch das Geräusch des sich drehenden Schlüssels noch immer, immer wieder höre und aufspringe und den Korridor hinunterlaufe, meinem vieljährigen Alleinsein zum Trotz.

ICH gehöre nicht zu den Witwen, die jedes Jahr ihre kleine Reise machen, nach Spanien, nach Kreta, ein bis zwei Flugstunden entfernt, in den fremden Städten Sightseeing gehen, im Hotelspeisesaal allein am Tischchen sitzen und abends noch ein paar Schritte spazieren, ebenfalls allein. Schon der Gedanke an eine solche Unternehmung löst Panikstimmung in mir aus, ich sehe mich am winzigen Tischchen sitzen und aufspringen und schreien. Was die Bilder und Plastiken in den Museen betrifft, so mag ich keine mehr sehen, ich weiß, er wäre damit nicht zufrieden. Vielleicht ist mir auch nur der Gedanke entsetzlich, nichts fragen, mich nicht mitteilen zu können. Dabei gibt es doch das Notizbuch, die kleine Elsheimer-Landschaft könnte ich beschreiben, könnte versuchen zu sagen, warum sie mich bezaubert, was steht dem entgegen, eine Trägheit, eine Gleichgültigkeit, wozu, wem nützt es, vielleicht nicht einmal mir selbst. A thing of beauty, und ich erinnere mich doch, wie ich nach den Monaten in der häßlichen Wiener Wohnung, dem entsetzlichen Spitalzimmer, beim Heimkommen, das heißt in der ersten Nacht zu Hause, meine Nachttischlampe, diese kleine geriefte Säule mit dem Früchtekranz und den Palmetten mit Entzücken betastet habe. Es gibt Notwendigkeiten, auch solche der Schönheit, ich habe das damals gebraucht, es hat mich getröstet, mit dem unheilbar Kranken im Nebenzimmer und den ewigen unterdrückten Tränen und fast gar keiner Hoffnung mehr.

Ansichtskarten

Spätsommerliche Post
Eine Ansicht vom Packeis
Nah von Spitzbergen

Eine Reihe von Fachwerkhäusern
Hübsch hergerichtet
Hannoversch Münden

Ein bronzener Männerkopf
Aus dem Bonner Museum
Der spätantike
Kaiser Gordian.

Meine Freunde reisen.
Ich nicht. Ich fürchte mich
Vor dem eisigen Packeis
Vor den traulichen Fachwerkhäusern
Vor den leeren Augen
Des Kaisers Gordian.

Reisen

Ich erinnere
Das grüne dicke
Algenmeer vor Euböa
Und den ängstlichen Ritt
Auf den Burgberg Korinth
Hartnäckige Eselköpfe
Über den Abgrund gestreckt
Ich erinnere Delphi
Wo der Blick trunken hinabsank
Unermeßlichen Ölwald
Und wieder hinauf
Gerissen wurde vom Flug
Der kastalischen Adler
Ich weiß noch
Den Bosporus
Seine freundlichen Schwarzwaldtannen
Seine riesigen Möwen
Auf den Minen am Schwarzen Meer.
Auch die rosigen blauen
Bergrücken
Auf dem Wege nach Bogaskale
Ich sehe dich
Neben mir eine Hand
Zum Greifen
Immer neben mir
Dann nicht mehr dann
Allein durch die Säulen des Herakles
Allein gen Westen.

DER Egoismus à deux, den manche Ehepaare praktizieren, hat mich immer abgestoßen, unter dem Deckmantel der ehelichen Liebe, aber vielleicht auch unter der Gewohnheit, schützt der eine den andern, die bequeme Sicherheit des häuslichen Friedens weist dem (fremden) Bettler die Tür. Erst als ich, allein geblieben, die 33 Jahre meiner Ehe überdachte, wurde mir klar, daß wir nicht anders empfunden, nicht anders gehandelt hatten, daß wir trotz aller Gastfreundschaft und Hilfsbereitschaft niemanden haben eindringen lassen in unser Alleinsein zu zweit. Auch nicht das Kind? Nein, und ich erfuhr es mit Entsetzen, auch nicht das Kind. Ich fing damals an, von dem inzwischen längst erwachsenen Kind zu träumen, und immer sah ich es mit blau gefrorenen nackten Füßen im Schnee stehen, und immer klopfte es mit schwachen Händen an eine verschlossene Tür. Drinnen lag ich allein, aber nun war ich nicht mehr imstande, mich zu rühren, ich rief: Warte, ich komme – aber das Kind antwortete nicht. Neben diesen vordergründigen Träumen hatte ich auch andere, unverständlichere, die aber dasselbe bedeuteten, ich lief herum und suchte und suchte, wußte aber nicht, was. Ich kam an einem Kind vorbei, und als ich merkte, daß es gerade das Kind war, nach dem ich ausgeschaut hatte, war es nicht mehr da. Träume, erzeugt von schlechtem Gewissen, das Liebespaar, das sein Kind hat darben lassen, und wenn man zur Besinnung kommt, ist es zu spät.

ICH bin nicht gern ohne meinen Mann, ich vermisse ihn nach fünfzehn Jahren wie am ersten Tag. Allein zu leben gefällt mir, ich gehe gern in meiner Wohnung umher, ich sehe auf den Hof oder hinüber zu den Pappeln, ich berausche mich an der Stille. Ich habe Angst vor der Stille, ich drehe an dem Knopf, der mein Radio laut werden läßt, ich höre sogar die Reklamesendungen, ich höre sie, ich höre nicht zu. Ich brauche keine Ansprache, aber Stimmen, ich lasse die fremden

Stimmen meine Wohnung erfüllen, ich kann besser arbeiten, es ist weniger kalt. Weil ich viele Freunde habe, halten mich die Menschen für eine gesellige Natur, in Wirklichkeit bin ich eine Eremitin, ich bin gern in Gesellschaft und verlasse am Ende jede Gesellschaft gern. Vom Telefon mache ich wenig Gebrauch, der Gedanke es nicht zu haben, ist entsetzlich, ohne Verbindung, ohne guten Abend, gute Nacht. Ich bin gern allein im Freien, ins Theater zu gehen ohne Begleitung macht mich traurig, allein einen Film anzusehen ist der Gipfel der Melancholie. Ich lasse mir von den Fernsehansagern gute Nacht sagen, ich bin froh, sie vom Bildschirm verschwinden zu sehen, wenn Sendeschluß ist, wenn es dunkel wird, ich bin gern im Dunkeln allein. Ich bin gern im dunkeln Zimmer, das bißchen Licht von der Straßenbeleuchtung genügt mir, und die Zigarette, das Fünkchen Leben.

Einiges

Einiges langweilt mich
Neuerdings:
Von mir selbst zu sprechen
Über mich selbst
Nachzudenken
Mich selbst
Zu beklagen

Ich schreibe das Leben
Seine Erscheinungen
Seine Verwerfungen
Die immer neuen
Dir in memoriam
Endlos...

Die Zeit danach, ich meine nach seinem Tode, dieses erste Jahr allein, ich habe daran keine unangenehmen Erinnerungen, im Gegenteil, ich hatte das Gefühl, von ihm gezogen und geführt, in einem seltsamen Zwischenreich zu leben, in dem es nie ganz hell wurde, aber auch nie kalt, nie stürmisch. Nach zwei Jahren des Entsetzens herrschte eine Art Frieden. Ich hatte einiges zu tun mit der Bereitstellung seiner Manuskripte, noch mehr mit der Wiederaufrichtung seines Bildes aus einunddreißig Ehejahren, Bild des Gesunden, vor das sich immer wieder das andere schob, die schwere Hand auf meinem Arm, die unsicheren Bewegungen, die Stimme, die ihm nicht gehorchte, Sätze formte, die zwar ich verstehen konnte, aber eben nur ich. Dieses Bild mußte weg, und ich schob es beiseite, immer wieder, mit unermeßlicher Anstrengung, versuchte auch seine Stimme, die eigentliche, wieder zu hören, die lebhafte, die liebevolle, die ich vor der Operation zuletzt gehört hatte, was noch schwerer war, als das Bild wiederherzustellen. Eigentlich war ich ja schon seit damals allein, mußte alles entscheiden, hatte nur die cara presenza, die cara esistenza, die unverändert schönen, seelenvollen Augen, konnte auch fragen und bekam unbeholfene Antwort, las ihm vor und merkte, daß er alles verstand. Ich wollte aber das Frühere wiederhaben, wenigstens in der Erinnerung, das war meine Beschäftigung in diesem ersten Witwenjahr, ich warf meine Netze aus. Einiges ließ sich fangen, alles nicht, ich hatte doch auch Angst gehabt, nicht nur um ihn, sondern auch vor ihm, ein paarmal hatte ich ein böses, fast irres Aufblitzen seiner Augen bemerkt, oder eine feindliche Bewegung, und hatte den Tisch wie einen Schutzwall vor mein Bett gezogen in der Nacht. Zwei Jahre gegen einunddreißig Jahre, und der Kampf hörte erst auf, als ich mich treiben ließ, ihm nach, und nichts mehr wollte und nichts mehr versuchte, da ließ er mich frei.

Erste Hilfe

Wo immer du
Du warst nicht unerreichbar
Meine Gierhand riß dich zurück
Aus dem schmutzigen Meersaum
Im Rundnetz
Über den Strand zu den Felsen
Zog ich dich Riese.
Wie schienst du mir unzerstört
Ich wärmte deinen Leib mit meinem Leibe
Meinen Atem stieß ich dir in den Mund
Nur daß deine Augen unter dem roten Garn
Die schon erstarrten hart wie Kieselsteine
Nichts spiegelten
Nicht den Himmel
Noch meine zornigen Tränen.

Köder

So viele Wortköder
Fette Bissen
Hab ich ausgeworfen
Nach dir mein Fisch
Angefangen
Mit dem einfachen
Haus und Brot
Übergegangen
Zu Liebstöckl

Ringelnatter
Stockrose
Kormoran
Hab Netze geknüpft
Aus Mispel und Myrrhe
Und dir zugeschrieen
Lauthals
Unsere alte Liebe
Aber mit Fischen
Und Schwerhörigen
Ist schlecht reden
Letztere
Schauen in sich hinein
Lächeln.

Begegnung

Den Fluß entlang
Und mir entgegen wer
An welchem Fluß
Auf teergefleckten Sänden
Durch mich hindurch
Ein Brustbein durch mein Brustbein
Geschlecht durch mein Geschlecht
Steinschweres du
In mich getreten
Einen Pulsschlag lang
Dann hinterm Rücken mir
Ein Schritt.

Ad infinitum

Alle die fortgehen
Durch die Glastür aufs Rollfeld
Durch die Bahnhofssperre
Die sich umdrehen winken
Deren Blicke zu Boden sinken
Deren Gestalten
Langsam undeutlich werden
Alle sind du.
Du stehst bei mir
Wendest dich ab gehst fort
Wirst kleiner und kleiner
Seit wann
Seit dein Tod mir am Hals hing
Mir die Kehle zudrückte
Stehst du immer wieder bei mir
Wendest dich ab gehst fort
Den Bahnsteig entlang
Rollfeldüber
Wirst kleiner und kleiner
Stehst da
Wendest dich ab
Gehst –

Das andere

Einmal stand der Weidenbusch
Der gewöhnliche bei den Hühnerhäusern
Auch für mich in Flammen
Auch in meinen Gewässern schwamm
Der weiße Wal
Ich hörte das Gras wachsen
Es wuchs es sang

Einmal nein oft
Was dazwischenlag
Die öden Tage
Durchklungen noch
Von der mächtigen Stimme
Des anderen.

Nausikaa

Komm wieder ans Land
Tangüberwachsener
Muschelbestückter
Triefender Fremdling
Du
Noch immer der alte
Voll von Männergeschichten
Fragwürdigen Abenteuern
Lieg mir im grasgrünen Bett

Berühre mit salzigen Fingern
Mein Veilchenauge
Meine Goldregenlocken
Fahr weiter nach Ithaka
In dein Alter in deinen Tod
Sag noch eins
Eh du gehst.

Brüder Ihr

Nachts oft
Springen die Türen
Lassen Euch ein
Gesichter mir zugewandt
Lebende Tote
Euch festhalten möchte ich
Jeden einzelnen
Eure Schultern und Hände
Eure schreienden flüsternden Stimmen
Euren Weg durch die Städte
Lichtglänzende auch
Finster in Trümmer gelegte
Eure Spur im Treibsand
In der Schneeverwehung
Am Läutwerk vorüber
Bahngeleise hin
Über Leiber von Toten
Aufzeichnen will ich
Eure wahnwitzigen Fahrten
Euer Lachen und rasches Erkennen
Eure zornige Liebe

Viel bedeutete mir
Immer die Uferwelle
Wind überm Flachsfeld
Und die bizarren Wolken
So viel nicht
Wie Eure Augen und Stimmen
Brüder
Geliebte.

Verlorene Zeit

Eine Kerze herabbrennen sehen
Bis sie von selber auslöscht
Bis im teigigen Wachsfluß
Ihr Dorn erstarrt

Eine Rose einschrumpfen sehen
Braunblättrige beperlt
Vom kalten Schweiß November
Und die junge Krebskranke die
Eben noch blühte
Und hängt jetzt ein Vogelskelett
In den Armen der Nonne

Schwarzer Kalender
O wieviel Zeit vertan
Frühlinge übergangen
Knospen geringgeschätzt

Wieviel kostbare Zeit vertan
An den Strohkönig Tod.

Mein Land

Ich habe mein Land abgesteckt
Mit gefrorenen Fischen
Und mit raschelndem Maiskolbenlaub
Meinen Weg ins Freie
Eisfarren zieh ich mir auf
An meiner Fensterscheibe
Für meine Besucher
Hauch ich ein kreisrundes Loch
Sie sehen meine Augen
Meine vergeblich
Winkenden Wimpern
Um Mitternacht fegt durch den Mais
Der Slalom der Geister.

Dies immer noch

Dies: immer noch wollen
Den Laden
Immer noch aufziehen wollen
Das Hinterhaus
Immer noch auf die Netzhaut
Und das Siebenuhrmorgenzimmer

Immer noch ausgehen wollen
Die altbackene Straße hinunter
Entlang den Fenstern
Voll vergeblicher Hilfeschreie
Und einsammeln im Drahtkorb
Schicksal um Schicksal

Auf der Zunge das alte Ungereimte
Mein Schritt eine Uhr die abläuft
In der Hand noch immer
Das Pappfähnchen Zuversicht
Hinter mir keine Armee
Dann und wann Kinder.

Wiesenau – Ich habe das Bild, das Porträt meines Mannes, lange nicht aufgehängt. Es ist ein gutes Bild, aber ich habe es nicht ertragen können, weil da etwas war, eine Angst in den Augen, ein Schrecken, der mich traurig gemacht hat, von Anfang an. Ich sehe ihn eben so, hat Ursula Benser, die junge Malerin, gesagt, ich sehe nicht den liebenswürdigen Österreicher, und sie hat recht gehabt, daß da noch etwas anderes war als das verbindliche Wienerische, auch ein Hang zur Schwermut, zum Wahnsinn, zum freiwilligen Tod. Aber das wollte ich eben nicht wahr-, zumindest nicht vor Augen haben. Ich habe das Bild in das Zimmer meiner Tochter gehängt, wenn Besucher es dort sahen, habe ich gesagt, 1945, das erklärt alles, Hungerzeit und Normalverbraucher, sogar vom Volkssturm hat man meinen Mann seines schlechten Gesundheitszustandes wegen schließlich befreit. Als die Tochter aus dem Haus war, lebte er bereits nicht mehr, Grund genug für mich, das Bild, denn ich hatte kein anderes, nun zu mir zu holen, aber ich tat es nicht. Mitsamt seinem silbernen Holzrahmen legte ich es mit dem Gesicht nach unten auf einen Schrank. Denn nun sah es nicht mehr wie der Hungernde aus dem Jahre 1945, sondern wie der Todkranke aus, wie der monatelang Sterbende in dem schönen Parterrezimmer der Universitätsklinik. Schlafend, hätte man sagen können, wenn da nicht manchmal der Blick gewesen wäre, der mir folgte, wenn ich umherging, der tieftraurige, flehende Blick. Das Porträt lag zehn Jahre lang auf dem Schrank, und die Totenmaske, in ein Leintuch gewickelt, in einem Fach, und auch diese sah ich niemals an.

Das »Konzert« des Malers Giorgione und wie mich schon, als wir noch jung waren, jemand aufmerksam gemacht hatte auf die große, wie er sich ausdrückte, »lächerliche« Ähnlichkeit, die eine der mit Musikinstrumenten dargestellten Personen mit dir hatte. Es handelte sich um den Mönch, der sich hingerissen, aber ohne jede Schwärmerei ins Bild wendet, geben Sie es zu, und obwohl ich dich nicht gerade gern in einem Klosterbruder verkörpert sah, gab ich es zu. Ich habe das Bild jetzt lang nicht mehr gesehen, ich besitze auch keine Reproduktion, nicht einmal eine Ansichtskarte, aber ich will mir eine verschaffen, und schon bald. Ich will alle von dir gemachten Photographien in die Schublade legen, sie nicht mehr ansehen, aber diese Reproduktion ansehen, jeden Morgen, jede Nacht vor dem Schlafengehen, diesen fremden Mönch mit seiner leidenschaftlichen Kopfbewegung, diese Augen, die die deinen sind. Da wäre das Persönliche ausgelöscht, die Daten, die Lebensumstände, wir beide. Da wärest du von mir gelöst, aber auch gelöst von deiner Sterblichkeit, deinem Tod. Du wärest wieder der Fremde mit seiner unglaublichen Anziehungskraft, mit seinem Angezogen-, ja Verzehrtsein von einem Höheren, in das du jetzt eingegangen bist, und anders, weniger besessen, hätte ich dich nicht geliebt.

Schal im Schrank

2. August

Ich schließe eine Farbe, etwa das leuchtende Blau meines seidenen Schals, in den dunklen Schrank, weiß nicht, wie er dort drinnen aussieht, ich nehme an, schwarz, also seiner Farbe entkleidet, kann aber nie erfahren, ob das wirklich zutrifft, da, sobald ich die Türe nur das kleinste Spältchen öffne, alles schon wieder anders ist, ein wenig Licht, also auch ein wenig Blau. Unsere Augen brauchen, um Farbe zu sehen, das Licht, ich frage mich, ob die Farbe das Licht braucht, um Farbe zu sein. Geschlossene Kleiderschränke, Truhen, Kommodenschubladen, deren Inhalt, von uns nicht gesehen, dennoch leuchtet, sind denkbar, ebenso menschliche Wesensart, die aus keinem uns gewohnten Blickwinkel, also überhaupt nicht wahrgenommen, ein Eigenleben entwickelt, das nicht aus Reaktionen, sondern aus dasein besteht. Wir selbst sind da, auch ohne daß einer die Schranktüre öffnet, ohne daß er uns im Licht seiner Urteilskraft erkennt. Wir leben von Beziehungen und können doch auch ohne diese sein, können es, ohne an Farbe zu verlieren, weswegen denn auch das Alleinsein der anderen Menschen unser stärkstes Interesse erregt.

Was geht in meinem Bruder vor, wenn er in der Tiefe des Waldes, das Gewehr über den Knieen, auf dem Hochsitz sitzt, was in meiner Tochter, wenn sie auf der italienischen Autostrada allein gen Süden fährt? Nicht nur meiner, sondern jeder menschlichen Beobachtung entzogen, bleiben die Genannten doch Personen, kleine lebendige Welten, die in dem Dunkel ihrer Unbeobachtetheit vielleicht stärker als in unserer Anwesenheit glänzen und glühen. Von dieser Eigenschaft scheinen die Toten, die auf nichts mehr reagieren und deren Aufenthaltsort wir nicht kennen, nicht völlig ausgeschlossen. Auch sie mögen, von der Schwärze unseres Nichtwissens umhüllt, die leuchtenden Farben tragen.

Du Leben

Jetzt endlich
Nach so vielen Jahren
Lass' ich dich ein
Lasse mich ein mit dir
Leben
Spüre dich auf überall
In meiner durchbluteten Hand
In den pochenden Winterzweigen

O ihr eiligen Tritte
Die Feuertreppe hinab
Schwimmstöße im Sog der Brandung

Berberitze Brennesselbusch
Apfel bei Apfel rotglühend am Zweig

Mit meinen fast siebzig Jahren
Wächst mir im Traum ein Kind
Ich betaste den hohen Leib
Hoffnungsvoll
Ohne Verwunderung.

Das Unverlierbare

Römischer Nachtblick.
Braunblaues Gemäuer
Angestrahltes Gebälk
Und die Zeder
Schiefwipflig
Gegen den helleren Himmel.
Bilder, nie mehr verlierbare. So
Trieb auf der Donau der Kranz
Septemberblumen
Zum Gedächtnis der Selbstmörder
Flammend gegen das Offene. So
fielen die Tropfen mondtriefend
Vom Ruderblatt
Als wir heimkehrten hafenwärts
Und erspähten tief unten
Im schwarzklaren Wasser
Die Märkte der Toten.

Nicht gesagt

Nicht gesagt
Was von der Sonne zu sagen gewesen wäre
Und vom Blitz nicht das einzig Richtige
Geschweige denn von der Liebe.

Versuche. Gesuche. Mißlungen
Ungenaue Beschreibung

Weggelassen das Morgenrot
Nicht gesprochen vom Sämann
Und nur am Rande vermerkt
Den Hahnenfuß und das Veilchen.

Euch nicht den Rücken gestärkt
Mit ewiger Seligkeit
Den Verfall nicht geleugnet
Und nicht die Verzweiflung

Den Teufel nicht an die Wand
Weil ich nicht an ihn glaube
Gott nicht gelobt
Aber wer bin ich daß

Flugvorbereitung

Den Keil, den ich getrieben
Zwischen mich und mich.
Die fünf, die ich grad sein gelassen
Das Etwas, das ich läuten gehört.
Alles vergessen.
Geübt
Auf Zehenspitzen zu gehen
Über die wankende Erde
Mit Fingerspitzen zu rühren
An die unverläßlichen Dinge.
Flugvorbereitung immer
Und ein Dröhnen
Der Bienenvölker, wenn das Rapsfeld blüht.

Ein Leben nach dem Tode

Glauben Sie fragte man mich
An ein Leben nach dem Tode
Und ich antwortete: ja
Aber dann wußte ich
Keine Auskunft zu geben
Wie das aussehen sollte
Wie ich selber
Aussehen sollte
Dort

Ich wußte nur eines
Keine Hierarchie
Von Heiligen auf goldnen Stühlen sitzend
Kein Niedersturz
Verdammter Seelen
Nur

Nur Liebe frei gewordne
Niemals aufgezehrte
Mich überflutend

Kein Schutzmantel starr aus Gold
Mit Edelsteinen besetzt
Ein spinnwebenleichtes Gewand
Ein Hauch
Mir um die Schultern
Liebkosung schöne Bewegung
Wie einst von tyrrhenischen Wellen
Wie von Worten die hin und her
Wortfetzen
Komm du komm

Schmerzweb mit Tränen besetzt
Berg-und-Tal-Fahrt
Und deine Hand
Wieder in meiner

So lagen wir lasest du vor
Schlief ich ein
Wachte auf
Schlief ein
Wache auf
Deine Stimme empfängt mich
Entläßt mich und immer
So fort

Mehr also fragen die Frager
Erwarten Sie nicht nach dem Tode?
Und ich antworte
Weniger nicht.

Vögel

Ein Paar Vögel noch immer
Aber wie ungleich jetzt
Einer gierig aufpickend
Den kleinen Lebensrest
Im warmen Laub
Der andere entflogen
Sein klarer Schatten
Gleitet übers Schneefeld
Zieht Kreise drei
Jeder ein wenig blasser
Kein Schrei aus den Wolken
Keine Feder herab.

Anmerkungen

1 S. Fischer Verlag, Frankfurt am Main 1982; Fischer Taschenbuch Verlag, Frankfurt am Main 1984
2 Marie Luise Kaschnitz, Gesammelte Werke (GW). Herausgegeben von Christian Büttrich und Norbert Miller. 7 Bände. Insel Verlag, Frankfurt am Main 1981–1989. – Bd. 3, S. 732
3 ›Protokolle zur Person‹, hrsg. von Ekkehart Rudolph. List-Verlag, München 1971, S. 90
4 GW 3, S. 211
5 Nach Angaben des Statistischen Bundesamtes; letzter Stand 31. 12. 1988.
6 Urte Goebel-Gülke, Tagebuch einer Trennung, in ›Du gehst fort, und ich bleib da‹. Hrsg. von Helga Häsing und Ingeborg Mues. Fischer Taschenbuch Verlag, Frankfurt am Main 1989, S. 81
7 M. L. Kaschnitz, ›Wohin denn ich‹. Fischer Taschenbuch Verlag, Frankfurt am Main 1984, S. 8
8 M. L. Kaschnitz, ›Orte‹. Suhrkamp Verlag, Frankfurt am Main 1983, S. 84. Bemerkenswert ist die Verlustangst, die die Arbeiten von Marie Luise Kaschnitz von Anfang an durchzieht und die sich vermutlich aus den gleichen Ursachen erklärt wie ihre frühkindlichen Ängste.
9 ›Orte‹, S. 95
10 Vgl. ›Plötzlich allein‹, *passim*
11 ›Orte‹, S. 75
12 ›Plötzlich allein‹, S. 17
13 GW 3, S. 58
14 S. auch C. M. Parkes, ›Vereinsamung. Die Lebenskrise bei Partnerverlust‹. Rowohlt Verlag, Reinbek 1974, S. 117ff, 235; John Bowlby, ›Verlust. Trauer und Depression‹. Fischer Taschenbuch Verlag, Frankfurt am Main 1983, S. 127, 139ff; Verena Kast, ›Trauern. Phasen und Chancen des psychischen Prozesses‹. Kreuz-Verlag, Stuttgart-Berlin 1982, S. 122ff, und ihr Aufsatz ›Wann ist Trauern schöpferisch?‹, in ›Monatskurse (ärztliche Fortbildung)‹, 1985, H. 3 ff.
15 Vgl. Bowlby, a. a. O., S. 139; Parkes, a. a. O., S. 116. S. auch Karin Rüttimann, ›Das geschenkte Jahr‹. Fischer Taschenbuch Verlag, Frankfurt am Main 1989, bes. S. 49f
16 U. Goebel-Gülke, a. a. O., S. 75

17 Vgl. Margarete Mitscherlich, ›Über die Mühsal der Emanzipation‹. S. Fischer Verlag, Frankfurt am Main 1990, bes. S. 23, 36ff
18 Vgl. die Bibliographien bei Bowlby, Parkes, Kast, a. a. O.
19 Horst Bienek, ›Werkstattgespräche mit Schriftstellern‹. Carl Hanser Verlag, München 1962, S. 36; GW 3, S. 827
20 Christine Brückner, ›Lachen, um nicht zu weinen‹. Ullstein Verlag, Berlin 1985, im Kapitel »Mein schwarzes Sofa«
21 Der Herausgeber von: ›Marie Luise Kaschnitz. Materialien‹. Suhrkamp Verlag, Frankfurt am Main 1984
22 Brief vom 1. 12. 1970, veröffentlicht in: ›Akzente‹ 26 (1979), S. 206
23 GW 3, S. 821 f; dazu auch ein Artikel von Petra Neumann in der ›Stuttgarter Zeitung‹ vom 16. 3. 1991.
24 Beide Gedichte wurden häufig interpretiert. ›Genazzano‹ erreichte bald nach dem Erstdruck in ›Jahresring‹ 55/56 (1956) Berühmtheit durch die Veröffentlichung in Hugo Friedrichs Buch ›Struktur der modernen Lyrik‹ (Rowohlt 1956), das für mindestens ein Jahrzehnt Maßstäbe für die Beurteilung moderner europäischer und amerikanischer Lyrik setzte. Dort wurden, neben einer Fülle von Beispielen aus anderen Literaturen, fünf moderne deutsche Gedichte abgedruckt: drei von Gottfried Benn, eines von Karl Krolow, und ›Genazzano‹. Wichtige Interpretationen des Gedichts finden sich auch bei H. O. Burger, in: H. O. Burger/Reinhold Grimm, ›Evokation und Montage‹, Sachse und Pohl, Göttingen 1961, S. 20–22; sehr eingehend bei Walter Jens, ›Deutsche Literatur der Gegenwart‹, R. Piper & Co., München 1961, S. 66–99; Hans Schwerte, ›Marie Luise Kaschnitz‹, in: ›Die deutsche Lyrik. 1945–1975‹, hrsg. von Klaus Weissenberger. Bagel, Düsseldorf 1981, S. 97–109. Ferner eine Interpretation von Ralf Schnell über ›Das verlorene Ich. Zur impliziten Poetik der Marie Luise Kaschnitz‹ in: ›Materialien‹ (s. Anm. 37), S. 173–193. Der Aufsatz stellt Verflechtungen von poetischer Hervorbringung und poetologischer Reflexion in den Vordergrund, mit Konzentration auf die besondere Art der Modernität dieses Ineinanders bei Marie Luise Kaschnitz. Zwei der wichtigsten Interpretationen zu ›Hiroshima‹ stammen von Reinhold Grimm; vgl. die Bibliographie in ›Materialien‹.
25 ›Ein Lesebuch. 1964–1974‹. Hrsg. mit einem Nachwort von Heinrich Vormweg. Insel Verlag, Frankfurt am Main 1985, S. 219ff
26 GW 2, S. 304

27 GW 3, S. 729
28 GW 3, S. 31
29 GW 3, S. 723
30 GW 2, S. 317
31 Wenn nicht anders vermerkt, stammen alle Zitate in diesem biographischen Abriß aus ›Einzelne autobiographische Texte aus dem Nachlaß‹, GW 3, S. 683 ff.
32 ›Orte‹, S. 85
33 GW 3, S. 729–733
34 Magnus Peterich in ›Westermanns Monatshefte‹, 1975, H. 1, S. 35
35 ›Orte‹, S. 240
36 ›Orte‹, S. 91
37 ›Marie Luise Kaschnitz. Materialien‹. Hrsg. von Uwe Schweikert. Suhrkamp Verlag, Frankfurt am Main 1984, S. 297, und GW 7, S. 778
38 Horst Bienek, ›Werkstattgespräche‹, S. 44
39 Elsbeth Pulver stellt in ihrer Monographie ›Marie Luise Kaschnitz‹ (Autorenbücher 40, C. H. Beck Verlag, München 1984) den Weg der Dichterin von der Tradition in die Moderne in den Mittelpunkt, wobei die Einzeluntersuchungen der Werke von großer Sachkenntnis zeugen. In der biographischen Einleitung (S. 7–15) sagt sie: »Die Ehe wurde offensichtlich von ihr nie als eine Beengung erlebt, auch wenn Familienpflichten das literarische Schaffen zeitweilig behinderten. Als eine Schriftstellerin, die zunächst für die Familie, vor allem für das Kind da ist, hat sie sich noch als über Sechzigjährige in einem Interview dargestellt, ohne sich im Nachhinein gegen die Hausfrauenrolle aufzulehnen. Heißt das, sie habe ihre Emanzipation verfehlt, die Ehe als Idylle erlebt? Eher gilt, daß sie verwirklichte, was heute kaum mehr für möglich gehalten wird, und was sicher gerade damals eine Ausnahme war: eine persönliche Entwicklung, eine Emanzipation im Rahmen der Ehe, ohne Auflehnung und Abgrenzung gegen den Partner, weil die gegenseitige Beziehung – sie mochte noch so eng sein – ihr den nötigen Freiraum ließ.« (S. 10f)
40 ›Orte‹, S. 178
41 ›Liebe beginnt‹. Bibliothek Suhrkamp 824, Suhrkamp Verlag, Frankfurt am Main 1984, S. 12
42 Vgl. dazu den Aufsatz von Inge Stephan ›Liebe als weibliche Bestimmung? Frauenbild und mythische Strukturen in den beiden frühen Romanen »Liebe beginnt« und »Elissa«‹. In: ›Materialien‹, S. 119–151. Die Schlußfolgerung scheint mir allerdings

zu weit zu gehen. Inge Stephan nimmt hier Bezug auf bestimmte Elemente beider Romane und sagt: »Es sind Versuche der Autorin – gegen die autobiographische Realität – aus den engen Grenzen normierter Weiblichkeit auszubrechen und die ›wilden Wünsche‹ wenigstens im Bereich der Literatur auszuleben.« (S. 149). Da wird m. E. ein zu direkter Rückschluß von der Literatur auf das Leben gezogen. Es dürfte in diesem Zusammenhang auch interessieren, daß Iris Schnebel-Kaschnitz mir in einem Gespräch im Sommer 1990 über ähnliche Themen sagte: »Meine Mutter war eine emanzipierte Frau.«

43 ›Orte‹, S. 69

44 GW 3, S. 850

45 GW 3, S. 245; S. 141

46 GW 3, S. 731

47 GW 3, S. 245

48 ›Orte‹, S. 112

49 Horst Bienek, ›Werkstattgespräche‹, S. 42

50 GW 2, S. 274

51 GW 3, S. 325

52 ›Orte‹, S. 66

53 Helmut Viebrock, Typoskript einer Rede auf Harald Keller, das mir der Autor freundlicherweise zur Verfügung gestellt hat.

54 Dieser Blick der letzten Tage und Wochen muß Marie Luise Kaschnitz geradezu verfolgt haben. Immer wieder kommt sie im Werk darauf zurück. Andere Betroffene berichten von ähnlichen Reaktionen in ähnlichem Fall. Die Entfremdung des geliebten Menschen durch die Symptome der Krankheit selber ist wohl das, was am allerschwersten zu ertragen ist. Zu geradezu grotesken Fehlschlüssen müssen Interpretationen kommen, die diese Voraussetzungen außer acht lassen. Dies geschieht im zweiten Beitrag von Inge Stephan, ›Vom Ich in der Fremde. Fremdheitserfahrungen in der Beziehung‹ (in: ›Marie Luise Kaschnitz. Materialien‹, S. 151–171). Hier wird das Leiden der Frau unter der durch die Gehirnerkrankung hervorgerufenen »Fremdheit« im Verhalten des Mannes umzudeuten versucht zum Beweis der »Brüchigkeit« der gesamten Beziehung. Vgl. besonders S. 152f und 163f.

55 ›Wohin denn ich‹, S. 10

56 GW 3, S. 90

57 ›Wohin denn ich‹, S. 8

58 Die Vorlesungen wurden veröffentlicht in: Marie Luise Kaschnitz, ›Zwischen Immer und Nie. Gestalten und Themen der Dichtung‹. Suhrkamp Verlag, Frankfurt am Main 1977

59 ›Wohin denn ich‹, S. 55f
60 Berichtet von Helmut Viebrock, vgl. Anm. 53
61 ›Am Circeo‹, GW 4, S. 162
62 ›Überallnie‹. Fischer Taschenbuch Verlag, Frankfurt am Main 1984, S. 212
63 Besonders die kommentierte Bibliographie von Elsbet Linpinsel (›Kaschnitz-Bibliographie‹. Claassen Verlag, Hamburg/Düsseldorf 1971)
64 ›Überallnie‹, S. 27 und 38
65 Zur frühen Lyrik vgl. besonders die kritischen Wertungen bei E. Pulver, a.a.O., S. 16–24; H. Schwerte, a.a.O., S. 103 und Edgar Lohner, a.a.O.
66 Aus ›Totentanz und Gedichte zur Zeit‹ (1946–1947), in: ›Überallnie‹, S. 69ff
67 GW 2, S. 72
68 Vgl. Gottfried Benn, ›Probleme der Lyrik‹, in: Gesammelte Werke, hrsg. von D. Wellershoff, Limes Verlag, Wiesbaden 1959, Bd. I, S. 494–532
69 Aus dem Zyklus ›Heimat‹, Überallnie, S. 98f
70 GW 3, S. 323
71 Diese Bezeichnung, geprägt von Glauco Cambon (›Marie Luise Kaschnitz, Poetessa delle macerie‹, in: ›Pensiero Critico, Problemi del nostro tempo‹, Serie 3, Nr. 9/10. Milano 1954, S. 81–89), taucht in den Nachkriegsjahren in vielen Rezensionen auf.
72 ›Orte‹, S. 18
73 Aus einer Vielzahl von um 1960 erschienenen Veröffentlichungen über die moderne Lyrik und ihre Charakteristika sei Walter Jens zitiert (a.a.O., besonders S. 90ff und, zusammenfassend, S. 150f), der das Prinzip der »Beschränkung als Gesetz der Moderne« besonders betont und M. L. Kaschnitz als eine Hauptvertreterin der Moderne heraushebt. »Man hat den freien Raum als Stil-Prinzip entdeckt: die ›Löcher‹ im Gespräch, die leere Stelle zwischen Satz und Satz; Sprünge von Abschnitt zu Abschnitt, Verzicht auf psychologische Glaubwürdigkeit; die groben, durch keine Zwischen-Töne gemilderten Paradoxien, die nicht erklärten Widersprüche und das ungefüge Antithesen-Spiel.« Marie Luise Kaschnitz selber formuliert in einem ihrer eindrucksvollsten Gedichte, ›Müllabfuhr‹ (aus ›Kein Zauberspruch‹, GW 5, S. 460), das Phänomen der Beschränkung: *Der Flitter heruntergerissen / Kargwort neben Kargwort.*
74 Aus der ›Rede auf den Preisträger Paul Celan‹. In: ›Zwischen Immer und Nie‹, S. 304ff

75 ›Zwischen Immer und Nie‹, S. 309
76 GW 3, S. 228
77 ›Überallnie‹, S. 142 und 144. Vgl. auch Anm. 24. Vielleicht das Beste, was über die späte Lyrik seit den ›Neuen Gedichten‹ geschrieben wurde, ist der Aufsatz von Hans Schwerte: ›Marie Luise Kaschnitz‹, in: ›Die deutsche Lyrik. 1945 bis 1975 (Anm. 24), S. 97–109. Interessant auch: Ralf Schnell, ›Das verlorene Ich. Zur impliziten Poetik der Marie Luise Kaschnitz‹, in: ›Materialien‹, S. 173–192.
78 Bienek, ›Werkstattgespräche‹, S. 41. Dazu auch Marcel Reich-Ranicki: »Marie Luise Kaschnitz betrachtete Öffentliches stets aus privater Sicht und erhob das Private stets zur öffentlichen Sache. Mit anderen Worten: Wie ihr das persönliche Bekenntnis zugleich zur Zeitkritik geriet, so war ihr die Zeitkritik immer auch eine Selbstauseinandersetzung... Immer ist die Poesie der Marie Luise Kaschnitz im höchsten Maße persönlich und doch zugleich welthaltig. Sie zeichnet sich durch kammermusikalische Intimität aus. Gleichwohl geht von ihr eine geradezu alarmierende Wirkung aus. Sie erteilt uns eine sprachgewaltige Lektion der Stille.« (›Frankfurter Allgemeine Zeitung‹, 12.10.1974)
79 Über das poetische Verfahren in Marie Luise Kaschnitz' später Dichtung sagt Edgar Lohner: »Eine in der Wirklichkeit vorstellbare reale Begebenheit, ein Vorgang, der gleichsam in die Wirklichkeit eingebettet scheint und als solcher allgemeinverständlich ist, wird auf einer Ebene der Aussage durch das ganze Gedicht hindurch von der Dichterin im Auge behalten. Dieses ›reale‹ Geschehen jedoch wird suggestiv und symbolträchtig dadurch, daß sich bestimmten Worten innerhalb des Gedichtzusammenhangs sekundäre Bedeutungsebenen zuordnen und auf diese Weise vielfältige Bezüge durchscheinen lassen. Die Begebenheit weitet sich aus.« Durch die Ambivalenz bestimmter bildträchtiger Worte, »in die der Sinn des ganzen Gedichts hineingezwängt scheint, wird der Vorgang zum umfassenden Zeichen für den gefährdeten Menschen unserer Zeit.« (Besprechung von ›Ein Wort weiter‹ in ›Die Zeit‹, 18.3.1966)
80 Rede zur Verleihung des Georg-Büchner-Preises, GW 7, S. 683
81 ›Orte‹, S. 151
82 Elsbeth Pulver, Artikel über Marie Luise Kaschnitz in: ›Kritisches Lexikon zur deutschsprachigen Gegenwartsliteratur‹, hrsg. von H. C. Arnold. Edition Text + Kritik, München 1982, S. 2
83 Edgar Lohner, a. a. O.; Hans Schwerte, a, a. O., S. 105
84 Bienek, ›Werkstattgespräche‹, S. 42. Eines der Geheimnisse der Sprache von Marie Luise Kaschnitz, schreibt Hermann Kesten,

»in ihren Versen wie in ihrer Prosa, ist der schier unmerkliche wie spielende Übergang von einer unbestechlichen Nüchternheit, die aus der direkten Beobachtung, aus dem geraden Gefühl, aus der unverstellten Vernunft kommt, ins Magische, ins Übersinnliche. Es ist der genaue Übergang in die Poesie.« (Insel Almanach auf das Jahr 1971. Hrsg. von Hans Bender. Für Marie Luise Kaschnitz. Frankfurt am Main 1970, S. 70ff; darin auch die Gratulation von Gabriele Wohmann, besonders S. 60–62).

85 ›Engelsbrücke‹, GW 2, S. 136

86 GW 3, S. 20

87 Vgl. dazu den sehr schönen Aufsatz von Elsbeth Pulver, ›In einer Zirkelrose wohnen‹, Schweizer Monatshefte 64 (1984) S. 935–45. Zum gleichen Thema Hermann Kesten in seiner Besprechung von ›Steht noch dahin‹: »Unversehens nimmt die Kaschnitz wie im Spiel das Spiel ernst, die Vokabeln ernst, die Sprache ernst, die Bilder ernst, die Menschen und ihre absurde Gesellschaft ernst, z. B. in den zehn Zeilen von ›Ein Mensch‹ oder in neun Zeilen von ›Schläfrig‹, wo eine Frau, aus Schläfrigkeit keine Revolutionärin, sich den Prozeß macht und sich verurteilt, zum Tode.« (Insel Almanach auf das Jahr 1971, S. 70ff). Zur Entwicklung der Prosa von ›Engelsbrücke‹ bis ›Orte‹ vgl. F. J. Ortheil, in: ›Materialien‹, S. 27–42.

88 GW 3, S. 762f

89 GW 3, S. 22f

90 Carla Henius in ›Frankfurter Allgemeine Zeitung‹, 21. 1. 1976

91 GW 3, S. 822

92 Aus ›Insel-Almanach auf das Jahr 1971‹, S. 48f, 54f; 57

93 Aus meinem Gespräch mit Klaus Schultz im Sommer 1990.

94 Hilde Claassen, ›Erste Begegnungen mit Marie Luise Kaschnitz‹, in: ›Materialien‹, S. 302.

95 GW 3, S. 168

96 GW 3, S. 808

97 GW 3, S. 847

98 GW 3, S. 760

99 GW 3, S. 790

100 Aus meinem Gespräch mit Rosi und Helmut Viebrock im Sommer 1990.

101 H. Viebrock im Gespräch.

102 ›Orte‹, S. 194

103 Man möchte fast annehmen, Marie Luise Kaschnitz habe eine Art sechsten Sinn gehabt. In ›Das Haus der Kindheit‹, geschrieben 1955, erwähnt die Autorin trotz der fiktiven Tagebuchform nur drei Daten: Neujahr (1. 1.) Ostern (21. 3.) und dann, im

24. Abschnitt: *Ich holte es eben heraus* [das Tagebuch] *und sah zu meiner Überraschung seit dem 10. Oktober keine Eintragung mehr*... (GW 2, S. 286). Der 10. Oktober ist das Datum, an dem sie 18 Jahre später starb. Lesern der Erzählungen ist längst aufgefallen, welch merkwürdige Parallelen bestehen zwischen der auf einer wahren Begebenheit fußenden Erzählung ›Eines Mittags, Mitte Juni‹, der gleichzeitig entstandenen Erzählung ›Am Circeo‹ mit der Beschreibung vom Fast-Ertrinken im römischen Meer und ihrem durch Schwimmen verursachten eigenen Tod.

104 GW 7, S. 993–1002

105 GW 3, S. 324f

106 Aus dem Gedicht ›Tageszeiten‹ (GW 5, S. 301f). Die Formulierung stammt von Gottfried Benn, sie wird dort bewußt zitiert.

107 GW 3, S. 449

108 GW 4, S. 898–906

109 Vgl. GW 3, S. 223

110 Dazu auch die Dissertation von Adelheid Strack-Richter: ›Öffentliches und privates Engagement: Die Lyrik von Marie Luise Kaschnitz‹. Peter D. Lang, Frankfurt/Bern 1979, bes. S. 99, 104.

111 GW 2, S. 514, 515

112 GW 2, S. 528

Textnachweis

Die Texte wurden folgender Ausgabe entnommen:
Marie Luise Kaschnitz: Gesammelte Werke (GW). Herausgegeben von Christian Büttrich und Norbert Miller. 7 Bände. Insel Verlag, Frankfurt am Main 1981–1989.
Zweiter Band: Die autobiographische Prosa I. 1981
Dritter Band: Die autobiographische Prosa II. 1982
Vierter Band: Die Erzählungen. 1983
Fünfter Band: Die Gedichte. 1985

Seite 49:	Aus *Gedichte* (1947). GW 5, S. 67
Seite 50:	Aus *Gedichte* (1947). GW 5, S. 102
Seite 53:	Aus *Orte*. GW 3, S. 475
Seite 53–55:	Aus *Neue Gedichte* (1957). GW 5, S. 289–291
Seite 56:	Aus *Orte*. GW 3, S. 518
Seite 57–61:	Aus *Neue Gedichte* (1957). GW 5, S. 293–297
Seite 61–62:	Aus *Orte*. GW 3, S. 596
Seite 62–63:	Aus *Orte*. GW 3, S. 424
Seite 63–71:	Aus *Erzählungen aus dem Nachlaß*. GW 4, S. 898–906
Seite 71:	Aus *Dein Schweigen – meine Stimme*. GW 5, S. 358
Seite 74–81:	Aus *Dein Schweigen – meine Stimme*. GW 5, S. 306–314
Seite 82:	Aus *Dein Schweigen – meine Stimme*. GW 5, S. 328
Seite 83:	Aus *Dein Schweigen – meine Stimme*. GW 5, S. 327
Seite 84:	Aus *Dein Schweigen – meine Stimme*. GW 5, S. 318
Seite 84–89:	Aus *Dein Schweigen – meine Stimme*. GW 5, S. 347–352
Seite 91–103:	Aus *Ferngespräche*. GW 4, S. 507–520
Seite 104:	Aus *Dein Schweigen – meine Stimme*. GW 5, S. 317
Seite 104:	Aus *Dein Schweigen – meine Stimme*. GW 5, S. 316
Seite 105–106:	Aus *Tage, Tage, Jahre*. GW 3, S. 90–92
Seite 106–107:	Aus *Dein Schweigen – meine Stimme*. GW 5, S. 316
Seite 107–108:	Aus *Tage, Tage, Jahre*. GW 3, S. 57–58
Seite 109:	Aus *Dein Schweigen – meine Stimme*. GW 5, S. 326
Seite 110:	Aus *Dein Schweigen – meine Stimme*. GW 5, S. 338
Seite 111:	Aus *Dein Schweigen – meine Stimme*. GW 5, S. 353
Seite 112–113:	Aus *Dein Schweigen – meine Stimme*. GW 5, S. 370–371

Seite 114: Aus *Orte*. GW 3, S. 610
Seite 115: Aus *Ein Wort weiter*. GW 5, S. 384
Seite 116: Aus *Orte*. GW 3, S. 479
Seite 117: Aus *Dein Schweigen – meine Stimme*. GW 5, S. 325
Seite 118: Aus *Dein Schweigen – meine Stimme*. GW 5, S. 320
Seite 118–119: Aus *Dein Schweigen – meine Stimme*. GW 5, S. 324
Seite 119–120: Aus *Wohin denn ich*. GW 2, S. 381–382
Seite 121: Aus *Dein Schweigen – meine Stimme*. GW 5, S. 319
Seite 122: Aus *Wohin denn ich*. GW 2, S. 383–384
Seite 122–124: Aus *Wohin denn ich*. GW 2, S. 385–386
Seite 124–125: Aus *Wohin denn ich*. GW 2, S. 396–397
Seite 126: Aus *Dein Schweigen – meine Stimme*. GW 5, S. 372
Seite 127: Aus *Dein Schweigen – meine Stimme*. GW 5, S. 361
Seite 127–128: Aus *Wohin denn ich*. GW 2, S. 412–413
Seite 128–129: Aus *Tage, Tage, Jahre*. GW 3, S. 289–291.
Seite 130–131: Aus *Wohin denn ich*. GW 2, S. 415–417
Seite 132: Aus *Wohin denn ich*. GW 2, S. 437–438
Seite 133–134: Aus *Wohin denn ich*. GW 2, S. 487–489
Seite 135–136: Aus *Wohin denn ich*. GW 2, S. 504–506
Seite 137: Aus *Verstreute Gedichte* 1932–1976. GW 5, S. 576
Seite 137–138: Aus *Wohin denn ich*. GW 2, S. 513
Seite 139: Aus *Dein Schweigen – meine Stimme*. GW 5, S. 306
Seite 142–143: Aus *Wohin denn ich*. GW 2, S. 537–538
Seite 143–144: Aus *Dein Schweigen – meine Stimme*. GW 5, S. 315
Seite 144–146: Aus *Wohin denn ich*. GW 2, S. 543–544
Seite 146: Aus *Ein Wort weiter*. GW 5, S. 375–376
Seite 147–148: Aus *Wohin denn ich*. GW 2, S. 545–546
Seite 148: Aus *Kein Zauberspruch*. GW 5, S. 438
Seite 149: Aus *Dein Schweigen – meine Stimme*. GW 5, S. 335–336
Seite 150: Aus *Wohin denn ich*. GW 2, S. 551–552
Seite 150–151: Aus *Kein Zauberspruch*. GW 5, S. 437
Seite 151–152: Aus *Wohin denn ich*. GW 2, S. 553–554
Seite 152–153: Aus *Dein Schweigen – meine Stimme*. GW 5, S. 364
Seite 153: Aus *Kein Zauberspruch*. GW 5, S. 437
Seite 154: Aus *Orte*. GW 3, S. 589
Seite 155: Aus *(Texte aus dem Nachlaß)*. GW 3, S. 792
Seite 155–156: Aus *Orte*. GW 3, S. 493
Seite 156–157: Aus *Orte*. GW 3, S. 471
Seite 157: Aus *Nachgelassene Gedichte 1919–1974*. GW 5, S. 743
Seite 158: Aus *Nachgelassene Gedichte 1919–1974*. GW 5, S. 733

Seite 159: Aus *(Texte aus dem Nachlaß)*. GW 3, S. 770
Seite 159–160: Aus *Orte*. GW 3, S. 600
Seite 160: Aus *Kein Zauberspruch*. GW 5, S. 480
Seite 161: Aus *Orte*. GW 3, S. 509
Seite 162: Aus *Kein Zauberspruch*. GW 5, S. 438–439
Seite 162–163: Aus *Kein Zauberspruch*. GW 5, S. 440–441
Seite 163: Aus *Kein Zauberspruch*. GW 5, S. 453
Seite 164: Aus *Kein Zauberspruch*. GW 5, S. 461–462
Seite 165: Aus *Kein Zauberspruch*. GW 5, S. 476
Seite 165–166: Aus *Ein Wort weiter*. GW 5, S. 388
Seite 166–167: Aus *Kein Zauberspruch*. GW 5, S. 480–481
Seite 167: Aus *Kein Zauberspruch*. GW 5, S. 441
Seite 168: Aus *Kein Zauberspruch*. GW 5, S. 442
Seite 168–169: Aus *Kein Zauberspruch*. GW 5, S. 439
Seite 169: Aus *Orte*. GW 3, S. 456
Seite 170: Aus *(Texte aus dem Nachlaß)*. GW 3, S. 851
Seite 170–171: Aus *Tage, Tage, Jahre*. GW 3, S. 284–285
Seite 172: Aus *Nachgelassene Gedichte 1919–1974*. GW 5, S. 736
Seite 173: Aus *Ein Wort weiter*. GW 5, S. 432
Seite 174: Aus *Ein Wort weiter*. GW 5, S. 397–398
Seite 175: Aus *Ein Wort weiter*. GW 5, S. 432
Seite 175–177: Aus *Kein Zauberspruch*. GW 5, S. 504–505
Seite 177: Aus *Kein Zauberspruch*. GW 5, S. 435

Marie Luise Kaschnitz

Das Haus der Kindheit
Band 5939

»Die Faszination, welche die Tagebuchform schon stilistisch auf die Autorin ausübte, zeigt sich schon darin, daß sie ihre Kindheit weder in der Form der Erinnerung noch in einer Autobiographie darstellt, sondern durch ein fingiertes Tagebuch einer fingierten Erzählerin (...) in die Gegenwart zieht.«

(Elisabeth Pulver)

Eines Mittags, Mitte Juni
Erzählungen. Band 5815

Dieser Sammelband vereint eine Auswahl aus »Lange Schatten« und einige frühe, bisher wenig bekannte Erzählungen. Poetische Texte, in denen die Realität durchaus ihr Recht behält.

Wohin denn ich
Aufzeichnungen. Band 5814

»Die Einsamkeit und Umweltlosigkeit wird am Einzelfall des Witwenschicksals dargestellt mit einer Kühnheit und Folgerichtigkeit, die ihresgleichen sucht in der von Frauen geschriebenen Literatur.«

(Geno Hartlaub)

Überallnie
Ausgewählte Gedichte 1928–1965
Mit einem Nachwort von Karl Krolow
Band 5720

Die Genauigkeit ihrer Sprache entspricht der Suche nach der »härtesten inneren Wahrheit«, von der Marie Luise Kaschnitz selbst einmal gesprochen hat.